I0137028

www.ingramcontent.com/pod-product-compliance
Lightning Source LLC
Chambersburg PA
CBHW022024090426
42739CB00006BA/271

9 781942 293903

בעלי הברית
שֶׁל
האֶנוֹשׁוּת

◆

ספר ראשון

בעלי הברית שֶׁל האֱנוֹשוּת

◆

ספר ראשון

◆

מסר דחוף

אודות נוכחות חוצנים

היום בעולם

מרשל ויאן סאמרס

מאת הסופר של

מדרגות לידיעה: ספר הידיעה הפנימית

בעלי הברית של האנושות ספר ראשון: מסר דחוף
אודות נוכחות חוצנים היום בעולם

זכויות יוצרים © 2001, 2008 על ידי האגודה למען דרך הידיעה של
קהילת היקום הגדולה.
כל הזכויות שמורות.

עריכה על ידי דרלין מיטשל

עיצוב הספר מאת "ארג'נט אסושיאייץ", בולדר, קולורדו

אומנות הבריכה מאת ריד נובר סאמרס "בעיני תמונת הכיסוי מייצגת אותנו על פני כדור הארץ עם הכדור השחור המסמל את הנוכחות החייזרית בעולם כיום והאור שמאחוריה חושף בפנינו את הנוכחות הבלתי נראית הזו שאחרת לא היינו יכולים לראות. הכוכב המאיר את כדור הארץ מייצג את בעלי הברית של האנושות ומעניק לנו מסר חדש ונקודת מבט חדשה על יחס כדור הארץ לקהילת היקום הגדולה."

ISBN: 978-1-884238-45-1 *THE ALLIES OF HUMANITY BOOK ONE: An Urgent Message about the Extraterrestrial Presence in the World Today*

NKL POD Version 4.55

Library of Congress Control Number: 2001 130786

This is the second edition of *The Allies of Humanity Book One*.

כותר מקורי באנגלית

PUBLISHER'S CATALOGING-IN-PUBLICATION

Summers, Marshall.

The allies of humanity book one: an urgent message about the extraterrestrial presence in the world today / M.V. Summers

p. cm.

978-1-884238-45-1 (English print) 001.942

978-1-942293-90-3 (Hebrew print)

978-1-884238-46-8 (English ebook)

978-1-942293-91-0 (Hebrew ebook)

QB101-700606

ספרי ספריית הידיעה החדשה יוצאים לאור על ידי האגודה לדרך קהילת היקום הגדולה. האגודה היא ארגון ללא מטרות רווח המוקדש להצגת דרך הידיעה של קהילת היקום הגדולה.

לקבלת מידע על הקלטות השמע, התוכניות והשירותים החינוכיים של האגודה, אנא בקרו את האגודה במרשתת העולמית או כתבו:

THE SOCIETY FOR THE GREATER COMMUNITY WAY OF KNOWLEDGE
P.O. Box 1724 · Boulder, CO 80306-1724 · (303) 938-8401
society@newmessage.org
www.alliesofhumanity.org www.newmessage.org
www.alliesofhumanity.org/he www.newmessage.org/he

מוקדש לתנועות החירות הגדולות
בתולדות עולמנו –
ידועים ובלתי ידועים.

תוכן העניינים

ארבע השאלות היסודיות בנושא

נוכחות החוצנים היום בעולם:

מה מתרחש?

למה זה מתרחש?

מה זה אומר?

איך נוכל להתכונן?

הַקְדָּמָה

נדיר למצוא ספר אשר משנה את החיים, אבל יוצא דופן הרבה יותר להיתקל ביצירה שיש בה כדי להשפיע על ההיסטוריה האנושית כולה.

לפני כמעט ארבעים שנה, לפני שהייתה תנועה לאיכות הסביבה, אישה אמיצה כתבה ספר פרובוקטיבי ביותר ושנוי במחלוקת ששינה את מהלך ההיסטוריה. "האביב הדומם" של רייצ'ל קרסון הוליד מודעות עולמית לסכנות הזיהום הסביבתי והצית תגובה אקטיביסטית שנמשכת עד עצם היום הזה. בין הראשונים שהצהירו בפומבי כי השימוש בחומרי הדברה ורעלים כימיים מהווה סכנה לכל בעלי החיים, קרסון הייתה בתחילה נלעגת ומושמצת, אפילו על ידי רבים מעמיתיה, אך נחשבה בסופו של דבר לאחת הקולות החשובים ביותר במאה העשרים. "האביב הדומם" עדיין נחשב לאבן פינה בכל הקשור לאיכות הסביבה.

כיום, לפני שיש מודעות ציבורית רווחת לפלישה מתמשכת חוצנית בקרבנו, ישנו אדם אמיץ דומה - מורה רוחני שעד בה היה נסתר - הנושא מסר יוצא דופן ומטריד מעבר לתחום הפלנטרי שלנו. עם "בעלי הברית של האנושות", מרשל ויאן סאמרס הוא המנהיג הרוחני הראשון של זמננו שמצהיר באופן חד משמעי שהנוכחות הבלתי מבוקרת, והמעשים החשאיים של "המבקרים" החוצנים שלנו מהווים איום משמעותי על חופש האדם.

בעוד שבתחילה, כמו קרסון, סאמרס בוודאי יתקל בלעג וזלזול, הוא עשוי להיות מוכר בסופו של דבר כאחד הקולות

החשובים בעולם בתחומי האינטליגנציה החוצנית, הרוחניות האנושית והתפתחות התודעה האנושית. כמו כן, "בעלי הברית של האנושות" עשוי להוות מרכיב מרכזי בהבטחת עתיד המין שלנו - לא רק לעורר אותנו לאתגרים העמוקים של פלישת חייזרים שקטה, אלא גם להצית תנועה חסרת תקדים של התנגדות והעצמה.

אף על פי שנסיבות מקורו של חומר שנוי במחלוקת נפיץ זה עשויות להוות בעיה עבור חלק מהאנשים, נקודת המבט שהוא מייצג והמסר הדחוף שהוא מעביר דורשים את שיקולנו העמוק ביותר ואת תגובתנו הנחרצת. כאן אנו מתמודדים באופן סביר מדיי עם הקביעה כי הופעתם הגוברת של עב"מים ותופעות אחרות הקשורות לכך הן סימפטומטיות ללא פחות מאשר התערבות מאופקת ועדינה, ועד כה ללא התנגדות, של כוחות חוץ-ארציים המבקשים לנצל את משאבי כדור הארץ לטובתם האישית המוחלטת.

כיצד אנו מגיבים כראוי לטענה כה מטרידה ומקוממת? האם נתעלם מזה או נבטל את זה על הסף, כפי שעשו רבים מהמְגַנים של קרסון? או שנחקור וננסה להבין בדיוק מה מוצע כאן?

אם אנו בוחרים לחקור ולהבין, הנה מה שנמצא: סקירה מעמיקה מהעשורים האחרונים של חיפוש ובירור עולמי בפעילות עב"מים ותופעות חוצניות אחרות (למשל, חטיפה על ידי חייזרים ושתלים של חייזרים, קטיעת איברים של בעלי חיים ואפילו "השתלטות" פסיכולוגית) אשר מביאים ראיות רבות לפרספקטיבה של בעלי הברית; ואכן, המידע הכלול בתקצירים של בעלי הברית מבהיר בצורה מדהימה נושאים אשר העסיקו חוקרים במשך שנים, ומביאים ראיות מסתוריות אך עקשניות לכך.

לאחר שבדקנו את העניינים הללו והגענו למסקנה שהמסר של בעלי הברית אינו רק סביר אלא משכנע, מה הלאה? שיקולינו יובילו בהכרח למסקנה הבלתי נמנעת שלמצוקתנו כיום יש מקבילות עמוקות לפלישתה של "הציוויליזציה" האירופית ליבשת אמריקה החל במאה ה -15, כאשר עמי הילידים לא הצליחו להבין ולהגיב בצורה נאותה למורכבות ולסכנה של כוחות המבקרים על חופיהם. "המבקרים" באו בשם אלוהים, הציגו

טכנולוגיה מרשימה והתיימרו להציע אורח חיים מתקדם ומתורבת יותר. (חשוב לציין כי הפולשים האירופיים לא היו "התגלמות הרוע" אלא אופורטוניסטים בלבד, והותירו בעקבותיהם מורשת של הרס לא מכוון.)

הנה הנקודה: ההפרה הקיצונית והרחבה של חירויות היסוד שחוו לאחר מכן התושבים הילידים של יבשת אמריקה - כולל השמדה מהירה של אוכלוסייתם - אינה רק טרגדיה אנושית מונומנטלית, אלא גם שיעור אובייקטיבי רב עוצמה למצבנו הנוכחי. הפעם, כולנו הילידים תושבי עולם אחד זה, ואלא אם נוכל לגייס באופן קולקטיבי תגובה יצירתית ומאוחדת יותר, אנו עלולים לסבול מגורל דומה. זו בדיוק ההבנה שבעלי הברית של האנושות מביאים ומעלים.

עם זאת, זהו ספר שיבול לשנות חיים, שכן הוא מעורר קריאה לייעוד פנימי עמוק שמזכיר לנו את מטרתנו בהיותנו חיים בתקופה זו של ההיסטוריה האנושית ומפגיש אותנו עם לא פחות מאשר הגורל שלנו. כאן אנו ניצבים מול ההבנה הבלתי נוחה מכולם: עתידה של האנושות עשוי להיות תלוי באופן בו אנו מגיבים ונענים להודעה זו.

בעוד ש"בעלי הברית של האנושות" הינו באופן יסודי בעל אופי אזהרתי מאוד, אין כאן שום עידוד לפחד או לאבדון וקדרות. במקום זאת, המסר שמוצע הוא של תקווה יוצאת דופן למה שהוא כיום מצב מסוכן וקשה ביותר. הכוונה הברורה היא לשמר ולהעצים את חופש האדם, ולזרז את התגובה האישית והקולקטיבית להתערבות החייזרית.

ביאה לכך, רייצ'ל קרסון עצמה זיהתה פעם באופן נבואי את הבעיה המונעת מאיתנו להגיב למשבר הנוכחי: "עדיין לא התבגרנו מספיק", אמרה, "לחשוב על עצמנו רק בחלק זעיר מאוד מיקום גדול ומדהים." ברור שכבר מזמן אנו זקוקים להבנה חדשה של עצמנו, של מקומנו בקוסמוס ושל החיים בקהילת היקום הגדולה (היקום הפיזי והרוחני הגדול יותר אליו אנו מגיחים בעת). למרבה המזל, "בעלי הברית של האנושות" משמש שער למכלול מפתיע ומשמעותי של לימודים ויישומים רוחניים אשר מבטיחים להטמיע את הבגרות של גזע האנושות הנדרשת יחד עם נקודת מבט שאינה בהכרח

כבולה לכדור הארץ ולא אנתרופוצנטרית, אלא נעוצה במסורות ישנות, עמוקות ואוניברסליות יותר.

בסופו של דבר, המסר של "בעלי הברית של האנושות" מאתגר כמעט את כל תפישות המציאות הבסיסיות שלנו, ובו זמנית נותן לנו את ההזדמנות הגדולה ביותר שלנו להתקדם ואת האתגר הגדול ביותר שלנו להישרדות. בעוד שהמשבר הנוכחי מאיים על ההגדרה העצמית שלנו כגזע אנושי, הוא עשוי גם לספק בסיס נחוץ מאוד להבאת אחדות למין האנושי - סיכוי בלתי אפשרי כמעט ללא ההקשר הגדול יותר הזה. עם נקודת המבט המוצעת ב"בעלי הברית של האנושות" יחד עם מכלול הלימודים וההוראות הגדול יותר המיוצג על ידי סאמרס, אנו מקבלים את הציווי ואת ההשראה להצטרף יחד להבנה מעמיקה יותר על מנת לשרת את ההתפתחות המתמשכת של האנושית.

◆

בכתבה שלו למגזין "טיים" על מאה הקולות המשפיעים ביותר במאה ה-20, כתב פיטר מתייסן על רייצ'ל קרסון, "לפני שהייתה תנועה סביבתית, הייתה אישה אמיצה אחת וספרה האמיץ מאוד." בעוד כמה שנים, נוכל לומר באופן דומה על מרשל ויאן סאמרס: לפני שהייתה תנועת חופש אנושית המתנגדת להתערבות חייזרית מחוץ לכדור הארץ, היה אדם אמיץ אחד והמסר האמיץ מאוד שלו, "בעלי הברית של האנושות." הפעם, נקווה שתגובתנו תהיה מהירה יותר, מכריעה יותר ומאוחדת יותר.

— מייקל בראונלי

עִתוֹנָאִי

הערה לקוראים

"בעלי הברית של האנושות" מובא כאן על מנת להכין אנשים למציאות חדשה לגמרי שבמידה רבה נסתרת ולא מוכרת בעולם כיום. הוא מספק נקודת מבט חדשה המאפשרת לאנשים להתמודד עם האתגר וההזדמנות הגדולים ביותר בהם נתקלנו כגזע אנושי. תקצירי בעלי הברית מכילים מספר הצהרות קריטיות אם לא מדאיגות לגבי ההתערבות החייזרית ההולכת וגדלה וההשתלבות שלה במין האנושי, ועל הפעילות החוץ-ארצית וסדר היום הנסתר שלה. מטרת תקצירי בעלי הברית היא לא לספק ראיות קשיחות אודות מציאותם וביקורם של החייזרים בעולמנו, אשר כבר מתועד היטב בהרבה ספרים אחרים ובעיתוני מחקר בנושא. מטרת תקצירי בעלי הברית היא לטפל בהשלכות הדרמטיות ומרחיקות הלכת של תופעה זו, לאתגר את הנטיות וההנחות האנושיות שלנו בכל הקשור אליה ולהתריע בפני המשפחה האנושית על הסף הגדול שעומד בעת בפנינו. התקצירים מספקים הצצה למציאות החיים התבוניים ביקום ולמשמעות האמיתית של קשר איתם. עבור קוראים רבים, מה שמתגלה ב"בעלי הברית של האנושות" יהיה חדש לחלוטין. עבור אחרים, זה יהיה אישור לדברים שהם חשו וידעו זה מכבר.

אף על פי שספר זה מספק מסר דחוף, הוא עוסק גם בהתקדמות לעבר תודעה גבוהה יותר המכונה "הידיעה", הכוללת אפשרות טלפתית גדולה יותר בקרב אנשים ובין גזעים. לאור זאת, תקצירי בעלי הברית הועברו למחבר מקבוצה רב-גזעית של יחידים מחוץ לכדור הארץ המכנים את עצמם ב"בעלי הברית של האנושות".

הם מתארים את עצמם כיצורים פיזיים מעולמות אחרים שהתקבצו במערכת השמש שלנו ליד כדור הארץ לצורך התבוננות בתשדורות ובפעילות של אותם גזעים זרים שנמצאים כאן בעולמנו ומפריעים לענייני בני האדם. הם מדגישים שהם עצמם אינם נוכחים פיזית בתוך העולם שלנו ומספקים רק חוכמה נדרשת, אך לא טכנולוגיה או התערבות כלשהי.

תקצירי בעלי הברית ניתנו למחבר במשך תקופה של שנה. הם מציעים נקודת מבט וחזון לנושא מורכב שלמרות עשרות שנים של עדויות הולכות וגוברות, הוא ממשיך לבלבל את החוקרים. אולם נקודת מבט זו אינה רומנטית, ספקולטיבית או אידיאליסטית בגישתה לנושא זה. להיפך, היא מציאותית בעליל ועד כדי כך לא מתפשרת שהיא עשויה להיות מאתגרת למדי, אפילו לקורא הבקי בנושא זה.

לכן, על מנת לקבל את מה שיש לספר הזה להציע נדרש שתשהו, לרגע לפחות, הרבה מהאמונות, ההנחות והשאלות שיש לכם בנוגע ליצירת קשר עם גורמים מחוץ לכדור הארץ ואפילו לגבי האופן שספר זה התקבל. תוכן הספר הזה הוא כמו מסר בתוך בקבוק שנשלח לכאן מרחבי העולם. לפיכך, אנחנו לא צריכים להיות מודאגים כל כך מהבקבוק אלא מהמסר עצמו.

כדי להבין באמת את המסר המאתגר הזה, עלינו להתמודד ולהטיל ספק בהרבה מההנחות והנטיות הרווחות בנוגע לאפשרות של קשר חייזרי ולמציאותו. אלו בוללים:

- הכחשה;
- ציפייה מלאת תקווה;
- פירוש מוטעה של הראיות לאישור אמונותינו;
- לרצות ולצפות לישועה מ"המבקרים";
- מסקנות מתוך אמונה שטכנולוגיית החייזרים תציל אותנו;
- להרגיש חסר תקווה וכנוע למה שאנחנו מניחים שהוא כוח עליון;
- דרישת גילוי ממשלתי אך לא גילוי חייזרי;

– גינוי מנהיגים ומוסדות אנושיים תוך קבלה ללא עוררין של
"המבקרים";

– בהנחה שבגלל שהם לא תקפו ולא פלשו אלינו, הם חייבים
להיות כאן לטובתנו;

– בהנחה שטכנולוגיה מתקדמת שווה מוסריות מתקדמת
ורוחניות;

– להאמין שתופעה זו היא תעלומה באשר למעשה זה אירוע
מובן;

– בהנחה כי לחייזרים יש זכות כלשהי לתבוע בעלות על
האנושות ועל כוכב הלכת הזה;

– ולהאמין שהאנושות אינה יכולה להציל את עצמה ואינה
יכולה להצליח לשרוד לבדה.

תקצירי בעלי הברית מערערים על ההנחות והנטיות הללו ומפרקים הרבה
מהמיתוסים שיש לנו כרגע לגבי מי שמבקר אותנו ומדוע הם כאן.

תקצירי בעלי הברית של האנושות נותנים לנו נקודת מבט גדולה יותר
והבנה מעמיקה יותר של גורלנו בתוך פנורמה גדולה יותר של חיים תבוניים
ביקום. על מנת להשיג זאת, בעלי הברית אינם מדברים אל מוחנו האנליטי
אלא אל הידיעה, החלק העמוק יותר בהווייתנו בו ניתן להבחין ישירות בָּאמת
ולחוות אותה, על אף שהיא מעורפלת.

"בעלי הברית של האנושות ספר ראשון" יעלה שאלות רבות, שידרשו
חקירה והתבוננות נוספת. המיקוד שלו הוא לא לספק שמות, תאריכים
ומקומות אלא לספק נקודת מבט על נוכחות החייזרית בעולם ועל החיים
ביקום שאחרת לא היינו יכולים לקבל כבני אדם. בעודנו חיים עדיין
מבודדים על פני עולמנו, אנו עדיין לא יכולים לראות ולדעת מה קורה בנוגע
לחיים תבוניים מעבר לגבולותינו. לשם כך אנו זקוקים לעזרה, עזרה מסוג
יוצא דופן מאוד. אנו עשויים שלא לזהות או לקבל עזרה כזו בהתחלה. ובכל
זאת היא כאן.

מטרתם המוצהרת של בעלי הברית היא להתריע בפנינו על הסיכונים שישנם בלהגיח ולהשתלב בקהילת היקום הגדולה יותר של חיים תבוניים ולסייע לנו לעבור בהצלחה את הסף הגדול הזה בצורה שתוכל לשמר את חופש האדם, ריבונותו וההגדרה העצמית שלו. בעלי הברית כאן כדי לייעץ לנו לגבי הצורך של האנושות לקבוע "הנחיות וכללים למפגש" משלנו בתקופה חסרת תקדים זו. לדברי בעלי הברית, אם אנו חכמים, מוכנים ומאוחדים, נוכל לתפוס את מקומנו המיועד כגזע בוגר וחופשי בקהילת היקום הגדולה.

◆

במשך הזמן שבו התרחשה סדרת התקצירים הזו, בעלי הברית חזרו על רעיונות מרכזיים מסוימים שלדעתם היו חיוניים להבנתנו. שמרנו על החזרות האלה בספר על מנת לשמר את כוונת התשדורת שלהם ושלמותה. בגלל האופי הדחוף של המסר של בעלי הברית ובגלל הכוחות בעולם שיתנגדו למסר הזה, יש חוכמה והכרח לחזרות האלה.

לאחר פרסום הספר "בעלי הברית של האנושות ספר ראשון" בשנת 2001, סיפקו בעלי הברית מערך תקצירים שני להשלמת המסר החיוני שלהם לאנושות. ספר שני של בעלי הברית של האנושות, שיצא לאור בשנת 2005, מציג מידע חדש ומדהים על יחסי הגומלין בין הגזעים ביקום המקומי שלנו ועל האופי, המטרה והפעילות הנסתרת ביותר של אותם גזעים המתערבים בענייניהם של בני האדם. הודות לאותם קוראים שחשו את דחיפות המסר של בעלי הברית ותרגמו את התקצירים לשפות אחרות, קיימת מודעות עולמית הולכת ומתרחבת למציאותה של ההתערבות.

אנו בספריית הידיעה החדשה רואים ששתי מקבצי התקצירים הללו מכילים את אחד המסרים החשובים ביותר המועברים בעולם כיום. "בעלי הברית של האנושות" הוא לא סתם עוד ספר שמניח הנחות על תופעת העב"מים/ חייזרים. זהו מסר בעל יכולת לשנות באופן אמיתי בכך שהוא

מכוון ישירות למטרה הבסיסית של ההתערבות הזרה, ומעלה את המודעות לכך שנצטרך להתמודד עם האתגרים וההזדמנויות העומדות לפנינו בהמשך.

—ספריית הידיעה החדשה

מי הם
בעלי הברית של האנושות?

בעלי הברית משרתים את האנושות מכיוון שהם משרתים את ההשבה והביטוי של הידיעה בכל מקום ומקום בקהילת היקום הגדולה. הם מייצגים את החכמים בעולמות רבים התומכים במטרה גדולה יותר בחיים. יחד הם חולקים ידיעה וחוכמה גדולות יותר שניתן להעביר למרחקים עצומים בחלל ומעבר לכל גבולות של גזע, תרבות, מזג וסביבה. חוכמתם מקיפה. המיומנויות שלהם גדולות. נוכחותם נסתרת. הם מכירים בכם מכיוון שהם מבינים שאתם גזע מתהווה, שמגיח ומתגלה לסביבה קשה מאוד ותחרותית מאוד בקהילת היקום הגדולה.

◆

רוחניות של קהילת היקום הגדולה
פרק 15: מי משרת את האנושות?

...לפני למעלה מעשרים שנה, קבוצה של יחידים מכמה עולמות שונים התכנסו במיקום חשאי במערכת השמש שלנו ליד כדור הארץ לצורך התבוננות בהתערבות הזרה המתרחשת בעולמנו. מנקודת התצפית הנסתרת שלהם, הם הצליחו לקבוע את הזהות, הארגון והכוונות של המבקרים בעולמנו ולנטר את פעילויות המבקרים.

קבוצת משקיפים זו מכנה את עצמה "בעלי הברית של האנושות".

זה הדיווח שלהם.

התקצירים

◆

בעלי הברית של האנושות

מרשל ויאן סאמרס

נוכחות חוצנים היום בעולם

כבוד גדול בשבילנו להציג את המידע הזה בפני כל אלה אשר התמזל להם להקשיב למסר זה. אנו בעלי הברית של האנושות. התמסורת הזו מתאפשרת על ידי נוכחותם של הבלתי נראים, המייעצים הרוחניים אשר מפקחים על התפתחותם של חיים תבוניים גם בעולם שלכם וגם בקהילה הגדולה יותר של עולמות.

אנחנו לא מתקשרים דרך אמצעי מכני כלשהו, אלא דרך ערוץ רוחני חופשי מכל הפרעות. למרות שאנחנו חיים במימד הפיזי, כמובכם, ניתן לנו הזכות לתקשר בדרך רוחנית זו על מנת להעביר את המידע שאנו חייבים לחלוק עמכם.

אנחנו מייצגים קבוצה קטנה הצופה על ההתרחשויות בעולם שלכם. אנחנו מגיעים מקהילת היקום. אנחנו לא מתערבים בענייני אנוש. אין לנו שום ממסד כאן. אנחנו נשלחנו למטרה מאוד מסוימת: כדי לצפות באירועים המתרחשים בעולם שלכם ובהנחה שניתנת לנו ההזדמנות, להעביר את מה שאנחנו רואים ויודעים, משום שאתם חיים על פני העולם שלכם ולא מסוגלים לראות את העניינים שמקיפים אתכם. בנוסף לכך, אתם לא רואים באופן ברור את הביקורים שמתרחשים בעולם שלכם ברגע זה או ההשלכות שיש לכך על העתיד שלכם.

היינו מעוניינים למסור את עדותנו על מצב זה. אנחנו עושים זאת בבקשת הבלתי נראים, משום שאנו נשלחנו למטרה מסוימת זו. המידע שאנחנו עומדים להעביר אליכם יכול להיות מאוד מאתגר ומפתיע. זה עלול להיות מאוד לא צפוי אצל הרבה שישמעו את המסר הזה. אנחנו מבינים את הקושי, משום שאנחנו נאלצנו להתמודד עם אותו קושי בתוך התרבויות שלנו עצמנו.

ברגע שאתם תשמעו על כך, זה עלול להיות קשה לקבל בהתחלה, אבל זה חיוני עבור כל מי ששואף לתרום תרומה לעולם.

זה כבר הרבה שנים שאנחנו צופים על העניינים של העולם שלכם. אנחנו לא מחפשים מערכת יחסים עם האנושות. אנחנו לא באנו בשביל יחסים דיפלומטיים. אנחנו נשלחנו על ידי הבלתי נראים על מנת לחיות בקרבת עולמכם בדי לצפות באירועים שאנחנו עומדים לתאר.

השמות שלנו אינם חשובים. הם יהיו חסרי משמעות עבורכם. ואנחנו לא נמסור אותם מטעמים של ביטחוננו האישי, משום שעלינו להישאר חבויים בדי שנוכל לשרת.

על מנת להתחיל, נחוץ שאנשים יבינו שהאנושות מעפילה לקהילת היקום הגדולה של חיים תבוניים. עולמכם זוכה ל"ביקורים" על ידי יצורים זרים ועל ידי ארגונים שונים של גזעים. זוהי תופעה שמתנהלת באופן פעיל כבר הרבה זמן. היו ביקורים לאורך ההיסטוריה האנושית, אבל לא בקנה מידה כזה. ההופעה של נשק גרעיני וההרס של הטבע בעולמכם הביאו את התופעה הזו אל סף ביתכם.

על פי הבנתנו, הרבה אנשים על כדור הארץ כיום מתחילים להבין שזה אכן מתרחש. ואנחנו מבינים שישנם הרבה הסברים לביקורים אלו - את המשמעות שלהם ומה זה יכול לחולל. הרבה מאלה המודעים לדברים אלו מלאי תקווה וצופים מכך להרבה רווח עבור האנושות. אנחנו מבינים. זה טבעי לצפות לכך. זה טבעי להיות מלא תקווה.

הביקורים בעולם שלכם כרגע הם מאוד נרחבים, עד כדי כך שאנשים בכל רחבי העולם עדים לכך וחווים את ההשפעות של ביקורים אלה באופן

ישיר. מה שהביא את ה"מבקרים" הללו מקהילת היקום הגדולה, את הארגונים השונים האלו של יצורים, הוא לא הקידום וההתפתחות של האנושות או החינוך הרוחני של האנושות. מה שהביא כוחות אלו לחופים שלכם במספרים האלו, עם כוונות כאלו, הם המשאבים הנמצאים בעולם שלכם.

אנחנו מבינים שקשה לקבל את זה בהתחלה, משום שאתם עדיין לא יכולים להעריך כמה העולם שלכם מרהיב, וכמה הוא מכיל, ועד כמה הוא תכשיט נדיר בקהילת היקום הגדולה של חלל ריק ועולמות שוממים. עולמות כמו שלכם הם בהחלט נדירים. רוב המקומות בקהילת היקום הגדולה המיושבים בעת הם קולוניות, והטכנולוגיה איפשרה זאת. אבל עולמות כמו שלכם היכן שחיים התפתחו באופן טבעי, ללא עזרה של טכנולוגיה, הרבה יותר נדירים ממה שנדמה לכם. אחרים שמים לב לכך באופן מיוחד, כמובן, משום שהמשאבים הביולוגים של העולם שלכם שימשו מספר גזעים במשך מילניום. עבור כמה זה נחשב למקום אחסון. ועדיין זו ההתפתחות של התרבות האנושית וכלי הנשק המסוכנים, וההתדרדרות של המשאבים הללו, אשר גרמה להתערבות החוצנים.

אולי אתם עלולים לתהות מדוע מאמצים דיפלומטיים לא מתקיימים בדי ליצור קשר עם מנהיגי האנושות. זוהי שאלה סבירה, אך הקושי פה הוא שאין אף אחד המייצג את האנושות, משום שאנשיכם מפולגים, והאומות שלכם מתנגדים אחת לשנייה. ישנה גם הנחה על ידי המבקרים הללו עליהם אנחנו מדברים, שאתם לוחמניים וכוחניים ושאתם תביאו נזק ועוינות ליקום סביבכם למרות התכונות החיוביות שלכם.

משום כך, בחשיפה שלנו אנחנו רוצים לתת לכם מושג מה מתרחש, מה תהיה המשמעות בהתרחשות זו עבור האנושות וביצד זה קשור להתפתחות הרוחנית שלכם, להתפתחות החברתית שלכם, לעתיד שלכם בעולם ובקהילה הגדולה עצמה של עולמות ביקום.

אנשים אינם מודעים לנוכחות של כוחות חוצניים, אינם מודעים לנוכחות של תיירי משאבים, כאלה שיחפשו לחבור לאנושות עבור רווחים

עצמיים. אולי כדאי שנתחיל אם כן על ידי כך שניתן לכם מושג כלשהו על החיים מעבר לכוכב שלכם, משום שאתם לא נסעתם למרחקים ואינכם יכולים להיווכח בדברים אלו בעצמכם.

אתם חיים בחלק של הגלקסיה שהיא די מיושבת. לא כל החלקים של הגלקסיה מיושבים כך. ישנם חלקים מאוד גדולים שלא נחקרו. ישנם הרבה גזעים חבויים. משא ומתן ומסחר בין עולמות מתבצעים רק בחלקים מסוימים. הסביבה אליה אתם נחשפים היא מאוד תחרותית. הצורך במשאבים מורגש בכל מקום, והרבה חברות טכנולוגיות רוקנו את המשאבים הטבעיים של העולם שלהם וחייבים לסחור, לנהל משא ומתן ולתור על מנת להשיג את הדברים להם הם זקוקים. זהו מצב מאוד סבוך. נוצרים הרבה בריתות, ומחלוקות אבן קורות.

יתכן ובנקודה זו נחוץ להכיר בכך שקהילת היקום הגדולה בה אתם משתלבים זו סביבה קשה ומאתגרת, אך היא מביאה איתה הזדמנויות ואפשרויות גדולות עבור האנושות. אף על פי כן, על מנת שאפשרויות ויתרונות אלו יתממשו, האנושות צריכה להתבונן ולהביא את עצמה ללמוד על אופי החיים ביקום. והיא חייבת להגיע להבנה מה המשמעות של רוחניות בקרב קהילת היקום הגדולה של חיים תבוניים.

אנחנו מבינים על סמך ההיסטוריה שלנו עצמנו שזהו המפתן הגדול ביותר שאיתו עולם כלשהו יתמודד. לעומת זאת, זה לא משהו שאתם יכולים להביא על עצמכם. זה לא משהו שאתם יכולים לתכנן כיצד לחולל בעתיד. משום שאותם כוחות שהיו מביאים את המציאות של קהילת היקום הגדולה כבר נמצאים בעולם. הנסיבות הביאו אותם לכאן. הם כבר כאן.

אולי זה יבהיר לכם את אופי החיים מעבר לגבולות שלכם. אנחנו לא רוצים ליצור התרשמות שעלולה להפחיד, אבל זה נחוץ לטובתכם שלכם ולצורך העתיד שלכם, שתהיה לכם הערכה כנה ותוכלו לראות את הדברים באופן ברור בהוויתם.

הצורך להתבונן לחיים בקהילת היקום הגדולה, לפי תחושתנו, הוא הצורך הגדול ביותר הקיים היום בעולם שלכם. ועדיין, מהתצפיות שלנו,

אנשים עסוקים בעניינים שלהם ובבעיות שלהם בחיי היומיום, בכלל בלי להיות מודעים לכוחות הגדולים שישנו את הגורל שלהם ואשר ישפיעו על העתיד שלהם.

הכוחות והקבוצות הנמצאים כאן היום מייצגים בריתות מגוונות. בריתות מגוונות אלו אינן מאוחדות בין עצמן במאמץ שלהן. כל ברית מייצגת מגוון גזעים אשר משתפים פעולה במטרה להשיג גישה למשאבים של העולם ולשמר גישה זו. הבריתות השונות הן, במהות, מתחרות אחת עם השנייה למרות שאינן לוחמות בין עצמן. הן רואות בעולם פרס יקר, משהו שהן היו רוצות לעצמן.

זה יוצר אתגר מאוד גדול עבור אנשיכם, משום שהכוחות המבקרים אצלכם לא זו בלבד שיש להם טכנולוגיה מתקדמת, אלא גם אחדות חברתית גדולה ומסוגלים להשפיע על המחשבה בסביבה המנטלית. אתם מבינים, בקהילת היקום הגדולה, טכנולוגיה נרכשת בקלות, ולכן היתרונות הגדולים בין חברות מתחרות הם היכולת להשפיע על המחשבה. זה סיגל לעצמו ביטויים מאוד משוכללים. זה מייצג מערך כישורים שהאנושות רק מתחילה לגלות.

כתוצאה מכך, המבקרים שלכם לא באים חמושים בנשקים גדולים או עם צבאות או גייסות של בלי מלחמה. הן קבוצות קטנות יחסית , אך בעלות כישורים מרשימים ביכולת ההשפעה שלהם על אנשים. הם מייצגים את השימוש היותר מתוחכם ובוגר של כוח בקהילת היקום הגדולה. זוהי היכולת שהאנושות תצטרך לפתח בעתיד אם עליה להתמודד עם גזעים אחרים באופן מוצלח.

המבקרים נמצאים כאן בכדי לרכוש את נאמנותה של האנושות. הם לא רוצים להשמיד את המוסדות של האנושות או את נוכחותה של האנושות. במקום זאת, הם מחפשים להשתמש באנושות לצורך עצמם. הכוונה שלהם היא לשעבד, לא להשמיד. הם מרגישים שזו זכותם משום שהם מאמינים שהם מצילים את העולם. חלקם אפילו מאמינים שהם מצילים את האנושות

מעצמה. אבל התייחסות זו לא משרתת את הצרכים הגדולים יותר שלכם, וגם לא מטפחת חכמה או הגדרה עצמית בקרב המשפחה האנושית.

אך משום שישנם כוחות של טוב בקרב קהילת היקום הגדולה של עולמות, יש לכם בעלי ברית. אנחנו מייצגים את הקול של בעלי הברית שלכם, בעלי הברית של האנושות. אנחנו לא כאן כדי להשתמש במשאבים שלכם או לקחת את מה שבידכם. אנחנו לא מחפשים לבסס את האנושות במדינת חסות או כמושבה לשימושים שלנו. במקום זאת, אנחנו מעוניינים לעודד עוצמה וחכמה בקרב האנושות משום שאנחנו תומכים בכך ברחבי קהילת היקום הגדולה.

התפקיד שלנו, אם כן, מאוד נחוץ, והמידע שלנו מאוד נדרש משום שאפילו אנשים שמודעים לנוכחות המבקרים אינם מודעים לכוונות שלהם. אנשים לא מבינים את השיטות של המבקרים. והם לא עומדים על הכללים והמוסר של המבקרים. אנשים חושבים שהמבקרים הם מלאכים או מפלצות. אבל למעשה הם די דומים לכם בצרכים שלהם. אם הייתם יכולים לצפות בעולם דרך עיניהם, הייתם מבינים את ההכרה והמניעים שלהם. אבל כדי לעשות זאת, הייתם צריכים להגיע אל מעבר לעולם שלכם עצמכם.

המבקרים מעורבים בארבעה תחומי פעילות בסיסיים על מנת להשיג השפעה בעולם שלכם. כל אחד מהפעילויות האלה הוא ייחודי, אבל הם כולם מתואמים. הם מתבצעים משום שהאנושות נחקרה כבר זה זמן רב. חשיבה אנושית, התנהגות אנושית, פסיכולוגיה אנושית והדת האנושית נחקרו למשך תקופה ארוכה. כל אלה מוכרים למבקרים באופן נרחב ויהיו בשימוש למטרותיהם העצמיות.

תחום הפעילות הראשון של המבקרים הוא להשפיע על פרט בזה או אחר בעמדת כוח ושררה. משום שהמבקרים לא מעוניינים להרוס שום דבר בעולם או להזיק למשאבים של העולם, הם מחפשים להשיג השפעה על אלה אשר הם מגדירים כאנשים בעמדות כוח, בעיקר בתוך הממשל והמוסדות הדתיים. הם מחפשים מגע, אבל רק עם אנשים אלה. יש להם את הכוח לייצר מגע מסוג זה, ויש להם את כוח השכנוע. לא כל אלה שאיתם יבואו במגע

ישתכנעו, אבל רבים כן. ההבטחה של יותר כוח, יותר טכנולוגיה ושליטה עולמית יסקרן וישלהב הרבה יחידים. ועם יחידים אלו המבקרים מחפשים לבסס את הקשר.

יש מעט מאוד אנשים בממשלות העולם אשר מושפעים באופן הזה, אבל מספרם הולך וגדל. המבקרים מבינים את הכוח של היררכיה משום שהם עצמם חיים לפיה, ניתן לומר שהם סרים למרות שרשרת הפיקוד של עצמם. הם מאוד מאורגנים ומאוד ממוקדים במאמצים שלהם, והרעיון של תרבויות וחברות מלאות ביחידים בעלי חשיבה עצמאית הוא מאוד זר להם. אין להם מושג והם אינם מבינים מה זה חופש הפרט. הם כמו הרבה חברות מתקדמות טכנולוגית בקהילת היקום הגדולה אשר פועלים גם בתוך העולם שלהם וגם בתוך הארגונים שלהם במרחבים הגדולים של החלל, תוך שימוש בצורות ממשל או ארגונים מבוססים היטב ומאוד נוקשים. הם מאמינים שהאנושות היא חסרת סדר ופרועה, והם מאמינים שהם מביאים סדר למצב שהם לא מסוגלים להבין. חירות הפרט אינה מוכרת להם, והם אינם רואים שום ערך בכך. כתוצאה מכך, את אשר הם שואפים לבסס בעולם לא יכבד את החירות הזו.

לכן, תחום הפעילות הראשון שלהם הוא החתירה לביסוס קשר עם יחידים בעמדות כוח והשפעה על מנת לרכוש את הנאמנות שלהם ולשכנע אותם בצדדים המועילים של יחסים משותפים ומטרות משותפות.

אפיק הפעילות השני, שהוא אולי הקשה ביותר לבחינה מנקודת המבט שלכם, זה השימוש והתמרון של ערכים ומניעים דתיים. המבקרים מבינים שהיכולות הגדולות ביותר של האנושות גם מהווים את החולשה הגדולה ביותר שלה. הכמיהה של אנשים לגאולה פרטית מייצגת את אחד הערכים הגדולים ביותר שיש לאנושות להציע, אפילו בקהילת היקום הגדולה. אבל זו גם החולשה שלכם. ומניעים אלו, וערכים אלו הם אלו אשר ישמשו אותם.

חלק מקבוצות המבקרים מחפשים לבסס את עצמם בסוכנים רוחניים משום שהם יודעים כיצד לתקשר בסביבה המנטלית. הם יכולים לתקשר עם אנשים באופן ישיר, ולמרבה הצער, משום שיש מעט מאוד אנשים בעולם

אשר מסוגלים להבחין בין קול רוחני לקול של המבקרים, זה מאוד מקשה על המצב.

לכן, תחום הפעילות השני הוא להשיג את הנאמנות של אנשים דרך המניעים הדתיים והרוחניים שלהם. למעשה, ניתן לעשות זאת די בקלות משום שהאנושות עדיין לא חזקה מספיק או מפותחת דיה בסביבה המנטלית. קשה לאנשים להבחין מהיכן מגיעים הדחפים הללו. אנשים רבים רוצים לתת את עצמם לכל מה שהם תופסים בקול פנימי גדול או בכוח פנימי גדול. המבקרים שלכם מסוגלים להחדיר תמונות – תמונות של קדושים, של מורים, של מלאכים – תמונות אשר אתם מחזיקים ביקרים ללבכם ובעלי משמעות קדושה בעולם שלכם. הם פיתחו יכולות אלו במהלך מאות רבות של שנים בהן ניסו להשפיע אחד על השני וכן על ידי לימוד של דרכי שכנוע אשר מופעלים במקומות רבים בקהילת היקום הגדולה. הם מחשיבים אתכם פרימיטיביים, ולכן הם מרגישים שניתן להפעיל השפעות ודרכי פעולה מעין אלו עליכם.

במקרה הזה יש מאמץ ליצור קשר עם אלה המוגדרים רגישים, פתוחים, ונוטים באופן טבעי לשתף פעולה. אנשים רבים ייבחרו, אבל רק חלק ייבחרו על בסיס תכונות אלו. המבקרים שלכם מחפשים לרכוש את הנאמנות של יחידים אלו, בכדי לרכוש את האמון והמסירות שלהם, כשהם מספרים לאלו המוכנים לשמוע שהמבקרים נמצאים כאן בכדי לרומם את הרוחניות האנושית, בכדי להעניק לאנושות תקווה חדשה, ברכה חדשה ועוצמה חדשה – אכן מבטיחים את הדברים שאנשים כל כך רוצים אך עדיין לא מצאו בשביל עצמם. אולי אתם תוהים, "איך דבר כזה יכול להתרחש?" אבל אנחנו מבטיחים לכם שאין זה קשה כל כך לאחר שרוכשים את הכישורים והיכולות הללו.

המאמץ כאן הוא להרגיע ולהרדים, וגם לחנך מחדש דרך שכנוע רוחני. שימוש "תכנית ההרגעה" הזו שונה עם כל קבוצה דתית בהתאם לעקרונות ולאופי שלה. היא תמיד מכוונת ליחידים אשר פתוחים לקבל. כאן התקווה היא שאנשים יאבדו את יכולת ההבחנה שלהם ויהפכו לנותני אמון מלאים

לכוח הגדול יותר שהם מרגישים שניתן להם על ידי המבקרים. ברגע שאמון זה מתבסס, זה הופך ליותר ויותר קשה לאנשים להבחין בין מה שהם יודעים מעצמם למה שנאמר להם על ידי אחרים. זוהי דרך מאוד עדינה אבל נפוצה של שכנוע ותמרון. נדבר על כך יותר בהמשך.

ובעת תנו לנו לציין את תחום הפעילות השלישי, והוא ביסוס הנוכחות של המבקרים בעולם, ולהביא אנשים לכך שהם יתרגלו לנוכחות זו. הם רוצים שהאנושות תתאקלם בדיוק לשינוי הזה המתחולל בקרבכם – תתאקלמו לנוכחותם הפיזית של המבקרים ולהשפעה שיש להם על הסביבה המנטלית שלכם. כדי לשרת מטרה זו, הם יצרו כאן מיתקנים, אך לא בגלוי. מיתקנים אלו יהיו חבויים, אבל הם יהיו בעלי עוצמה רבה ביצירת השפעה על אוכלוסיות הנמצאות בקרבת מקום. המבקרים ישקיעו מאמץ וזמן רב על מנת שמיתקנים אלו יהיו יעילים ושמספיק אנשים יהיו נאמנים אליהם. אלו יהיו האנשים אשר ישמרו ויישמרו את נוכחות המבקרים.

זה בדיוק מה שקורה בעת בעולם שלכם. זה מהווה אתגר גדול ולמרבה הצער סיכון גדול. בדיוק התיאור הזה שלנו התרחש כבר פעמים רבות כל כך בבל כך הרבה מקומות בקהילת היקום הגדולה. וגזעים מתפתחים כמו שלכם הם תמיד הכי חלשים ונתונים להשפעה. ישנם גזעים מתפתחים אשר מסוגלים לבסס מודעות, יכולת, ושיתוף פעולה משל עצמם עד כדי שהם מבטלים השפעות חיצוניות כגון אלה ומבססים נוכחות ומעמד משלהם בקהילת היקום הגדולה. עדיין הרבה גזעים, לפני שהם אפילו מגיעים לעצמאות, נכנעים לשליטה והשפעה של כוחות זרים.

אנחנו מבינים שהמידע הזה עשוי לעורר פחד משמעותי ואולי הכחשה ובלבול. אך כפי שאנחנו רואים את הדברים, אנו מבינים שישנם מעט מאוד אנשים המודעים למצב כפי שהוא בפועל. אפילו אלה המגיעים להכרה בנוכחותם של כוחות חוצנים אינם בעלי זווית ראיה המאפשרת לראות את המצב נכוחה. ובהיותם תמיד בעלי תקווה ואופטימיות, הם מחפשים כיצד לתת לתופעה משמעות חיובית בכל שניתן.

למרות זאת, קהילת היקום הגדולה היא סביבה תחרותית, סביבה קשה. אלה המעורבים במסע בחלל אינם מייצגים את הנאורים שבהם, משום שהנאורים מחפשים להיבדל מקהילת היקום הגדולה. הם אינם מחפשים לסחור. הם אינם מחפשים השפעה על גזעים אחרים או להיות מעורבים במערכת סבוכה של יחסים המתקיימת לטובת מסחר ורווחים הדדיים. במקום זאת, אלה הנחשבים למתקדמים רוחנית מחפשים להיות נסתרים. זוהי הבנה שונה מאוד, אולי, אבל מאוד נחוצה עבורכם על מנת שתבינו את הצרה הניצבת בפניכם. אך צרה זו מכילה הרבה אפשרויות. ברצוננו לדבר על כך בעת.

למרות החומרה של המצב אותו אנו מתארים, אנחנו לא מרגישים שהנסיבות הללו מהוות טרגדיה עבור האנושות. אכן, אם ניתן להכיר ולהבין את הנסיבות הללו, ואם ההכנה לקהילת היקום הגדולה הנמצאת כעת בעולם תתבצע, תילמד ותוטמע, אזי תהיה לכלל האנשים עם מודעות גבוהה ומוסר גבוה את היכולת ללמוד את הידיעה הפנימית והתבונה של קהילת היקום הגדולה. או אז, אנשים בכל מקום יוכלו למצוא בסיס לשיתוף פעולה כך שמשפחת האנושות תוכל לבסס אחדות אשר לפני בן מעולם לא הייתה קיימת. משום שזה דורש את האיום של קהילת היקום בכדי לאחד את האנושות. ואיום זה מתרחש בעת.

הגיחה שלכם לקהילת היקום הגדולה של חיים תבוניים היא ההתפתחות וההתקדמות שלכם. היא תתרחש בין אם אתם מוכנים לכך ובין אם לא. ההכנה היא אם כן המפתח. הבנה ובהירות מחשבתית – אלה הדברים הנחוצים ונצרכים כעת בעולם שלכם.

יש אנשים רבים בכל מקום בעלי מתנות רוחניות אשר מאפשרות להם לראות ולדעת באופן בהיר. מתנות אלו נחוצות כרגע. חייבים להכיר במתנות אלו, ליישם אותם ולחלוק אותם באופן חופשי. זה לא רק בידיים של מורים דגולים או קדושים גדולים בעולם שלכם. זה חייב לצמוח עכשיו על ידי הרבה יותר אנשים. משום שהמצב מביא איתו צורך גדול, ואם מאמצים את הצורך אז הוא יכול להצמיח הזדמנות מאוד גדולה.

למרות הכל, הדרישה ללמוד על קהילת היקום הגדולה ולהתחיל לחוות את הרוחניות של קהילת היקום היא גדולה מאוד. מעולם בעבר לא היה נדרש מאנשים ללמוד על דברים אלו בזמן כה קצר. אכן, נדיר שדברים מסוג זה נלמדו בעבר על ידי מישהו בעולם. אבל עכשיו הצורך השתנה. הנסיבות הן שונות. בעת יש השפעות חדשות בקרבכם, השפעות שניתן להרגיש וניתן לדעת.

המבקרים מחפשים למנוע מאנשים את הראייה הזו ואת הידיעה הפנימית הזו בקרב אנשים, משום שלמבקרים שלכם אין אותה בתוך עצמם. הם אינם מכירים בערך שלה. הם אינם מבינים את המציאות שלה. בכך האנושות במכלול הרבה יותר מתקדמת מהם. אבל זהו רק פוטנציאל, פוטנציאל שחייבים לטפח.

הנוכחות הזרה בעולם גדלה. היא גדלה כל יום, כל שנה. יותר ויותר אנשים נופלים תחת השכנוע שלהם, מאבדים את היכולת לדעת, נהיים מבולבלים ומוסחים, מאמינים בדברים שיכולים רק להחליש אותם ולהפוך אותם לחסרי יכולת אל מול אלה שמחפשים לנצל אותם למטרות שלהם עצמם.

האנושות היא גזע מתבגר. היא פגיעה. היא עומדת בעת מול נסיבות והשפעות אשר איתם לא הייתה צריכה מעולם בעבר להתמודד. ההתפתחות שלכם עד כה רק חייבה אתכם להתמודד עם עצמכם בלבד. מעולם לא הייתם צריכים להתמודד עם צורות חיים תבוניים אחרים. אך התחרות הזו היא שתחזק אתכם ותתבע מכם את התכונות הכי גדולות שלכם אם תבינו ותבחינו במצב באופן ברור.

זהו התפקיד של הבלתי נראים לטפח כוח מסוג זה. הבלתי נראים הללו, אשר אתם באופן מוצדק קוראים מלאכים, לא רק מדברים אל הלב האנושי של בני האדם אלא גם ללבבות בכל מקום ומקום אשר מסוגלים להקשיב, ואשר השיגו את החופש להקשיב.

אנחנו באים, אם כן, עם מסר קשה, אבל מסר של הבטחה ותקווה. אולי זה לא המסר שאנשים רוצים לשמוע. זה לבטח לא המסר שהמבקרים היו

מקדמים. זהו מסר שניתן לחלוק בין אדם לחברו, וזה אכן מה שיקרה משום שזה הכי טבעי לעשות כן. אבל המבקרים ואלה אשר נכללים תחת ההשפעה שלהם יתנגדו לתודעה מעין זו. הם אינם רוצים לחזות באנושות עצמאית. זוהי לא מטרתם. הם אפילו לא מאמינים שזה מועיל. ולכן, רצוננו הכנה הוא שהרעיונות האלה יילקחו בחשבון ללא חשש, אבל עם התייחסות רצינית, ודאגה עמוקה ומאוד מוצדקת במקרה זה.

לפי הבנתנו, ישנם הרבה אנשים בעולם היום, שמרגישים שינוי גדול העומד להתרחש עבור האנושות. הבלתי נראים אמרו לנו דברים אלו. הרבה גורמים מיוחסים לתחושת שינוי זו. והרבה תוצאות חזויות. אך עד שלא תתחילו להבין את המציאות של קהילת היקום הגדולה של חיים תבוניים שאליה האנושות נכנסת, אין לכם עדיין את ההקשר המתאים להבין את הגורל של האנושות או את השינוי הגדול שמתרחש בעולם.

מנקודת המבט שלנו, אנשים נולדים לתקופה שלהם על מנת לשרת תקופה זו. זוהי תורה ברוחניות של קהילת היקום הגדולה, תורה אשר אנחנו גם נכללים בין לומדיה. היא מלמדת את מושג החירות ואת הכוח של מטרה משותפת. היא מעניקה סמכות לפרט, ולאותו פרט שמסוגל להתחבר עם אחרים במטרה משותפת – רעיונות שמתקבלים או מאומצים באופן נדיר בקהילת היקום הגדולה, משום שקהילת היקום הגדולה היא לא מציאות שמיימית. זוהי מציאות גשמית עם קשיי הישרדות וכל מה שזה בולל. כל הנפשות הקיימות במציאות זו חייבות להתמודד עם צרכים ועקרונות אלו. ובזה, המבקרים שלכם דומים לכם הרבה יותר ממה שנדמה לכם. הם אינם באלה שלא ניתן להבין. הם שואפים להיות מעבר להבנה, אבל ניתן להשיג ולהבין אותם. יש לכם את הכוח לעשות את זה, אבל אתם חייבים להסתכל על זה בעיניים מפוכחות. אתם חייבים להסתכל עם ראייה גדולה יותר ולדעת עם תבונה גדולה יותר, אשר אתם מסוגלים לטפח בקרבכם.

יש צורך עכשיו שנדבר על תחום ההשפעה והשכנוע השני משום שיש לזה חשיבות רבה, וזו השאיפה הכנה שלנו שאתם תבינו ותשקלו דברים אלו עבור עצמכם.

דתות העולם מחזיקות במפתח למסירות האנושית ולנאמנות האנושית, יותר מאשר מוסדות שלטוניים, יותר מכל מוסד אחר. זה אומר הרבה על האנושות משום שקשה מאוד למצוא דתות מסוג זה בקהילת היקום הגדולה. העולם שלכם עשיר מאוד במובן הזה, אך היתרון שלכם במקרה זה הוא גם היכן שאתם חלשים ופגיעים. אנשים רבים רוצים להיבחר ולהיות מודרכים באופן שמיימי, למסור את השליטה על חייהם ולתת לכוחות אחרים לכוון אותם, לייעץ להם ולשמור עליהם. זוהי כמיהה אמיתית, אך בהקשר של קהילת היקום הגדולה, צריך לפתח הרבה חכמה על מנת שמשאלה מסוג זו תתממש. מאוד עצוב לראות כיצד אנשים ימסרו את האחריות על עצמם באופן כל כך קל - אחריות שלעולם לא הייתה בידם מלכתחילה, הם ימסרו ברצון לאלה שהם לא מכירים.

מסר זה מיועד להגיע לאנשים עם רגישות רוחנית גדולה. לכן, הכרחי שנרחיב בנושא זה. אנחנו תומכים ברוחניות אשר נלמדת בקהילת היקום הגדולה, לא ברוחניות הנשלטת על ידי אומות, גופים שלטוניים או בריתות פוליטיות, אלא רוחניות טבעית - היכולת לדעת, לראות ולפעול. לעומת זאת המבקרים שלכם אינם מדגישים את העניין הזה. הם שואפים לגרום לכך שאנשים יאמינו שהמבקרים החיצוניים הם המשפחה שלהם, שהם הבית שלהם, שהמבקרים הם האחים והאחיות שלהם, האבא והאמא שלהם. אנשים רבים רוצים להאמין בכך, ולכן הם מאמינים. אנשים רוצים למסור את הסמכות האישית שלהם על עצמם לאחרים, ולכן הם מוסרים אותה. אנשים רוצים לראות במבקרים את הידידים והמושיעים שלהם, ולכן זו התמונה המוצגת בפניהם.

יידרש הרבה פיקחות ואובייקטיביות על מנת לראות מבעד לשקרים ולקשיים הללו. זה נחוץ שאנשים יעשו זאת אם האנושות רוצה להצליח להעפיל לקהילת היקום הגדולה ולשמר את החופש וההגדרה העצמית שלה בסביבה של השפעות גדולות יותר וכוחות גדולים יותר. בעניין זה, העולם שלכם יכול להיכנע מבלי שיידרש לירות ירייה אחת, משום שאלימות נחשבת למאוד פרימיטיבית וגסה, ומופעלת לעיתים מאוד נדירות במקרים מסוג זה.

יכול להיות שתשאלו, "האם זה אומר שישנה פלישה לעולם שלנו?" אנחנו חייבים לומר שהתשובה היא "כן," פלישה מסוג מאוד מעודן. אם תוכלו להתעמק בנושאים אלו ולקחת אותם בחשבון באופן רציני, אתם תוכלו להבחין בדברים אלו בעצמכם. ההוכחות לפלישה הזו נמצאות בכל מקום. אתם תוכלו לראות איך יכולת אנושית מעוכבת על ידי הכמיהה לאושר, שלום, ובטחון, איך יכולת ההבחנה והידיעה של אנשים נפגעת בגלל השפעות הנובעות לפעמים מתוך התרבות שלהם עצמם. כמה הרבה יותר תהיינה ההשפעות הללו בסביבתה ובקרבתה של קהילת היקום הגדולה.

זהו המסר הקשה שעלינו להציג. זהו המסר שחייבים לומר, האמת שצריכה להיאמר, האמת החיונית שלא יכולה להמתין. ממש נחוץ כרגע שאנשים ילמדו על הידיעה הפנימית, על החכמה הגדולה יותר ועל הרוחניות הגדולה יותר כך שאנשים יוכלו למצוא את היכולות האמתיות שלהם ויוכלו להשתמש בהם באופן יעיל.

החירות שלכם בסכנה. העתיד של העולם בסכנה. זוהי הסיבה שבגללה אנו נשלחנו כאן לדבר בשם בעלי הברית של האנושות. ישנם אלה ביקום המשמרים את הידיעה הפנימית ואת החוכמה הפנימית בחיים, ואשר מקיימים את הרוחניות של קהילת היקום הגדולה יותר. הם לא מטיילים להם לכל עבר, מנסים להשפיע על עולמות שונים. הם לא לוקחים אנשים בניגוד לרצונם. הם לא גוזלים את בעלי החיים והצמחים שלכם. הם לא מטילים השפעה על הממשלות שלכם. הם לא מחפשים להתרבות וליצור הכלאה עם האנושות על מנת ליצור מנהיגות חדשה פה. בעלי הברית שלכם לא מחפשים להתערב בענייניה של האנושות. הם לא מחפשים לתמרן את גורלה של האנושות. הם מביטים מרחוק ושולחים שליחים במונו, בשליחות התומנת סכנה מאוד גדולה עבורנו, כדי לייעץ ולעודד ולהבהיר דברים כאשר זה נחוץ. אנחנו, אם כך, באים בשלום עם מסר חיוני.

אנחנו חייבים עכשיו לדבר על התחום הרביעי בו המבקרים שלכם מחפשים לבסס את עצמם, שזה דרך רבייה הדדית. הם אינם יכולים לחיות בסביבה שלכם. הם צריכים את יכולת העמידה הפיזית שלכם. הם צריכים

את ההשתייכות שלכם לעולם. הם צריכים את יכולת הרבייה שלכם. הם גם רוצים להתחבר אתכם משום שהם מבינים שזה יוצר נאמנויות. דבר זה, באופן מסוים, מבסס את הנוכחות שלהם כאן משום שהצאצאים של תבנית מעין זו יהיו עם קשרי דם בעולם ועדיין יהיו נאמנים למבקרים. זה אולי נראה מדהים, אבל זו אמת לאמיתה.

המבקרים שלכם לא נמצאים כאן על מנת ליטול מכם את יכולת הרבייה שלכם. הם כאן על מנת לבסס את עצמם. הם רוצים שהאנושות תאמין בהם ותשרת אותם. הם רוצים שהאנושות תעבוד עבורם. הם יבטיחו הכל, יציעו הכל ויעשו הכל למטרה זו. אך למרות שכוח השכנוע שלהם רב, מספרם קטן. ובכל זאת ההשפעה שלהם גדלה, ותבנית הרבייה ההדדית שלהם, אשר נמשכת כבר כמה דורות, תהיה בסופו של דבר אפקטיבית. יהיו בני אדם בעלי תבונה גדולה יותר אבל כאלה שאינם מייצגים את המשפחה האנושית. דברים מעין אלו אפשריים וקרו אין ספור פעמים בקהילת היקום הגדולה. אתם רק צריכים להסתכל על ההיסטוריה שלכם עצמכם ולראות את ההשפעה של תרבויות וגזעים אחד על השני כדי להבין כמה משתלטים ומשפיעים אינטראקציות מסוג זה יכולות להיות.

לכן, אנחנו מביאים איתנו חדשות חשובות, חדשות רציניות. אבל אתם צריכים לאזור אומץ, משום שזה לא העת לעמימות. זה לא העת להתחמק. זה לא העת להתעסק עם האושר האישי שלכם. זה העת לתרום לעולם, לחזק את המשפחה האנושית ולזמן את היכולות הטבעיות שקיימים באנשים - היכולת לראות, לדעת ולפעול בתיאום והשלמה אחד עם השני. יכולות אלו מסוגלות להרחיק ולבטל את ההשפעה המופנית לאנושות בזמנים אלו, אבל יכולות אלו חייבות לגדול ולהיות משותפות. זוהי חשיבות ממעלה ראשונה.

זו העצה שלנו. היא מגיעה עם כוונות טובות. תהיו שמחים שיש לכם בעלי ברית בקהילת היקום הגדולה, משום שתזדקקו לבעלי ברית כמונו. אתם נכנסים ליקום הגדול, מלא כוחות והשפעות שעדיין לא למדתם לנטרל. אתם נכנסים לפנורמה גדולה יותר של החיים. ואתם חייבים להתכונן לכך. המילים שלנו הם רק חלק מההכנה. הכנה מיוחדת נשלחה עכשיו לעולם.

היא לא מגיעה מאתנו. היא מגיעה מבורא עולם. היא מגיעה בדיוק בזמן. משום שזה הזמן שהאנושות צריכה להיהפך חזקה וחכמה. יש לכם את היכולת לעשות זאת. והאירועים והנסיבות של החיים יצרו נחיצות גדולה מאוד לכך.

תקציר שני

האתגר לחירות אנושית

האנושות הולכת לקראת תקופה מסובכת מאוד וחשובה מאוד בהתפתחותה הקולקטיבית. אתם נמצאים על סף היציאה לקהילת היקום הגדולה יותר של חיים תבוניים. אתם תיתקלו בגזעים אחרים של יצורים המגיעים לעולמכם המבקשים להגן על האינטרסים שלהם ולגלות אילו הזדמנויות עשויות להיות עבורם בעתיד. הם אינם מלאכים או יצורים מלאכיים. הם אינם ישויות רוחניות. הם יצורים שבאים לעולמכם לקבל משאבים, לכרות בריתות ולקבל יתרון בעולם מתפתח. הם אינם נלוזים. הם אינם קדושים. בבך, הם גם דומים לכם. הם פשוט מונעים על ידי הצרכים שלהם, השיוך שלהם, אמונותיהם ויעדיהם הקולקטיביים.

זוהי תקופה חשובה מאוד לאנושות, אך האנושות אינה מוכנה. מנקודת המבט שלנו, אנו יכולים לראות זאת בקנה מידה גדול יותר. אנו לא מערבים את עצמנו בחיי היומיום של אנשים פרטיים בעולם. איננו מנסים לשכנע ממשלות או להשתלט על חלקים מסוימים בעולם או על משאבים מסוימים הקיימים שם. במקום זאת, אנו מתצפתים, וברצוננו לדווח על מה שאנו רואים כי זו המשימה שלנו בהיותנו כאן.

הבלתי נראים אמרו לנו שיש היום הרבה אנשים שחשים אי נוחות מוזרה, תחושת דחיפות מעורפלת, תחושה שמשהו עומד

לקרות וצריך שמשהו ייעשה. אולי אין שום דבר בתחום ההתנסות היומיומית שלהם שמצדיק רגשות עמוקים יותר אלה, המאמת את חשיבות הרגשות האלה, או שנותן ביטוי למהות שלהם. אנו יכולים להבין זאת מכיוון שעברנו דברים דומים בעצמנו בהיסטוריה שלנו. אנו מייצגים כמה גזעים שחברו יחד בבריתנו הקטנה כדי לתמוך בהופעת הידיעה הפנימית והחכמה ביקום, במיוחד עם גזעים שנמצאים על סף הגיחה לקהילת היקום הגדולה. גזעים מתעוררים אלה חשופים במיוחד להשפעות ומניפולציות זרות. הם חשופים במיוחד לאי הבנה של מצבם ובצדק, שכן ביצד הם יכולים להבין את המשמעות ואת המורכבות של החיים בתוך קהילת היקום הגדולה? לכן אנו רוצים למלא את חלקנו הקטן בהכנה ובחינוך האנושות.

בשיח הראשון שלנו, הבאנו תיאור נרחב של מעורבות המבקרים בארבעה תחומים. התחום הראשון הוא ההשפעה על אנשים חשובים בעמדות כוח בממשלות ובראשם מוסדות דת. תחום ההשפעה השני הוא על אנשים שיש להם נטייה רוחנית ומבקשים לפתוח את עצמם לכוחות הגדולים יותר הקיימים ביקום. התחום השלישי של המעורבות הוא בניית מתקנים במקומות אסטרטגיים בעולם על ידי המבקרים, בסמוך למרכזי אוכלוסייה, בהם ניתן להפעיל את השפעתם על הסביבה המנטלית. ולבסוף, דיברנו על תוכנית ההתרבות הבין גזעית שלהם עם האנושות, תוכנית שנמשכת כבר זמן רב.

אנו מבינים עד כמה החדשות הללו מטרידות ואולי עד כמה הם מאכזבות אנשים רבים שהיו להם תקוות וציפיות גדולות שאלה המבקרים מעבר לעולם יביאו ברכות ותועלת רבה לאנושות. טבעי אולי להניח ולצפות לדברים אלה, אבל קהילת היקום הגדולה שאליה מתעוררת האנושות היא סביבה קשה ותחרותית, במיוחד באזורים ביקום בהם גזעים רבים ושונים מתחרים זה בזה ומתקיימים ביניהם יחסי גומלין ומסחר. העולם שלכם קיים באזור כזה. זה אולי נראה לכם מדהים מכיוון שתמיד היה נראה שאתם חיים בבדידות, לבד בתוך הריקנות העצומה של החלל. אבל באמת אתם חיים בחלק מיושב ביקום בו הוקמו סחר וחליפין ושם המנהגים, מערכת הקשרים וההשתייבויות הם ארוכות שנים. ולתועלת שלכם עצמכם אתם חיים בעולם

יפהפה - עולם בעל מגוון ביולוגי גדול, מקום מרהיב בניגוד לצחיחותם של כל כך הרבה עולמות אחרים.

עם זאת, הדבר גם מעניק למצבכם דחיפות רבה ומהווה סיכון אמיתי, מכיוון שיש לכם את מה שרבים אחרים רוצים לעצמם. הם לא מבקשים להרוס אתכם אלא לזכות באמונכם ובברית אתכם כך שהקיום שלכם בעולם והפעילויות שלכם כאן יכולות להיות לטובתם. אתם נכנסים למערכת נסיבות בוגרת ומסובכת. כאן אינכם יכולים להיות כמו ילדים קטנים ולהאמין ולצפות לברכות של כל מי שאיתו תיתקלו. עליכם להיות חכמים ובעלי הבחנה, מכיוון שאנו, דרך ההיסטוריה הקשה שלנו, היינו צריכים להיות חכמים ובעלי הבחנה. בעת האנושות תצטרך ללמוד את דרכי קהילת היקום הגדולה, על המורכבות של האינטראקציה בין גזעים, על מורכבות הסחר ועל המניפולציות העדינות של השתייכויות ובריתות המוקמות בין עולמות. זהו זמן קשה אך חשוב לאנושות, זמן של הבטחה גדולה אם ניתן לבצע הכנה אמיתית.

במסגרת השיח השני שלנו, ברצוננו לדבר ביתר פירוט על התערבותם בענייני האנושות של קבוצות מבקרים שונים, איזו משמעות יש לזה עבורכם ומה זה דורש מאתכם. אנו באים לא להנחיל פחד אלא לעורר תחושת אחריות, לעורר מודעות גדולה יותר ולעודד הכנה לחיים אליהם אתם נכנסים, חיים גדולים יותר אך חיים עם קשיים ואתגרים גדולים יותר.

נשלחנו לכאן מתוקף הכוח הרוחני והנוכחות של הבלתי נראים. אולי תחשבו עליהם בצורה ידידותית כמלאכים, אבל בקהילת היקום הגדולה תפקידם גדול יותר ומעורבותם והבריתות שלהם עמוקות וחודרות יותר. הכוח הרוחני שלהם הוא כאן כדי לברך יצורים תבוניים בכל העולמות ובכל המקומות ולקדם את התפתחות הידיעה הפנימית והחוכמה העמוקה יותר שיאפשרו את הופעתם של יחסי שלום, בין עולמות ובתוך עולמות. אנחנו כאן בשמם. הם ביקשו מאיתנו לבוא. והם נתנו לנו הרבה מהמידע שיש לנו, מידע שלא יכולנו לאסוף בעצמנו. מהם למדנו רבות על טבעכם. למדנו רבות על היכולות שלכם, על נקודות החוזק שלכם, על החולשות שלכם ועל הפגיעות

הגדולה שלכם. אנו יכולים להבין את הדברים האלה מכיוון שהעולמות אשר מהם הגענו עברו את סף הכניסה הגדול הזה לקהילת היקום הגדולה. למדנו הרבה, וסבלנו הרבה מהטעויות שלנו, טעויות שאנחנו מקווים שהאנושות תימנע מהן.

אנו מגיעים אם כן לא רק עם ההתנסות שלנו, אלא עם מודעות עמוקה יותר ותחושת מטרה עמוקה יותר שהעניקו לנו הבלתי נראים. אנו מתבוננים בעולמכם ממקום קרוב, ואנחנו עוקבים אחר התקשורת של מי שמבקרים אצלכם. אנו יודעים מי הם. אנו יודעים מאיפה הם מגיעים ולמה הם כאן. אנחנו לא מתחרים בהם, כי אנחנו לא כאן כדי לנצל את העולם. אנו רואים עצמנו כבעלי ברית של האנושות, ואנחנו מקווים שעם הזמן תחשיבו אותנו כבאלה, שכן אנחנו באלה. ואף על פי שאיננו יכולים להוכיח זאת, אנו מקווים להפגין זאת באמצעות דברינו ובאמצעות החוכמה שבעצותינו. אנו מקווים להכין אתכם למה שעומד בפניכם. אנו מגיעים למשימה שלנו בתחושת דחיפות, שכן האנושות נמצאת הרחק מאחור בהכנתה לקהילת היקום הגדולה. ניסיונות רבים קודמים לפני עשרות שנים ליצור קשר עם בני אדם ולהכין בני אדם לעתידם התגלו כבלתי מוצלחים. ניתן היה להגיע רק לאנשים מעטים, וכפי שנאמר לנו, רבים מהמגעים הללו נבנו באופן שגוי ושימשו אחרים למטרות אחרות.

לכן, נשלחנו במקומם של אלה שבאו לפנינו להציע עזרה לאנושות. אנו עובדים יחד למען מטרה מאוחדת שלנו זו. איננו מייצגים מעצמה צבאית גדולה אלא משהו שהוא דומה יותר לברית סודית וקדושה. אנו לא רוצים לראות את סוג האירועים אשר מתקיימים בקהילת היקום הגדולה ואשר מתבצעים כאן בעולמכם. אנחנו לא רוצים לראות את האנושות מאבדת את חירותה ואת ההגדרה העצמית שלה. אלה סיכונים אמיתיים. מסיבה זו אנו מעודדים אתכם לשקול את דברינו לעומק, ללא חשש, אם הדבר אפשרי, ובסוג האמונה והנחישות שאנו יודעים השוכנת בליבותיהם של אנשים רבים בקרב האנושות.

בהווה ובעתיד ובכל זמן שמתאפשר, מתקיימת ותתקיים פעילות רבה, להקמת רשת השפעה של המבקרים בעולם על המין האנושי למטרות שלהם עצמם. הם מרגישים שהם באים לכאן כדי להציל את העולם מפני האנושות. חלקם אפילו מאמינים שהם כאן כדי להציל את האנושות מעצמה. הם מרגישים שהם צודקים ואינם חושבים כי מעשיהם אינם ראויים או לא מוסריים. על פי המוסר שלהם, הם עושים את הנחשב לסביר וחשוב. עם זאת, עבור כל היצורים אוהבי החופש, אין אפשרות להצדיק גישה שכזו.

אנו מתבוננים בפעילות המבקרים ההולכת וגדלה. בכל שנה יש כאן יותר ויותר. הם באים מרחוק. הם מביאים אספקה. הם מעמיקים את התערבותם ומעורבותם. הם מקימים מתקני תקשורת במקומות רבים במערכת השמש שלכם. הם בוחנים את כל המסעות הניסיוניים שלכם לחלל, והם יתנגדו ויהרסו כל דבר שהם מרגישים שיפריע לפעילותם. הם מבקשים ליצור שליטה לא רק על עולמכם אלא על האזור אשר סביב עולמכם. זה מכיוון שיש כאן כוחות מתחרים. כל אחד מהם מייצג ברית הקיימת בין כמה גזעים.

בעת נתייחס אל האחרון מבין ארבעת התחומים עליהם דיברנו בשיח הראשון שלנו. זה קשור למבקרים אשר מתרבים עם המין האנושי. תנו לנו קודם להביא בפניכם קצת היסטוריה. לפני אלפי שנים רבות, לפי זמנכם, הגיעו כמה גזעים להתרבות עם האנושות כדי להעניק לאנושות אינטליגנציה ויכולת הסתגלות רבה יותר. זה הביא את הופעתו הפתאומית למדי של מה שאנו מבינים נקרא "האדם המודרני". זה נתן לכם דומיננטיות וכוח בעולמכם. זה קרה מזמן.

עם זאת, תוכנית ההתרבות הבין גזעית המתרחשת בעת אינה זהה לזה בכלל. היא מתבצעת על ידי קבוצה אחרת של ישויות ועל ידי בריתות אחרות. באמצעות היתרבות בין גזעית הם מבקשים להקים בן אנוש שיהיה משוייך לקבוצה שלהם ובכל זאת יוכל לשרוד בעולמכם ואשר יוכל להיות בעל זיקה טבעית לעולם זה. המבקרים שלכם לא יכולים לחיות על פני כדור הארץ. עליהם לחפש מקלט מתחת לאדמה, אשר הם עושים, או שהם חייבים לחיות

על סיפונם של הספינות שלהם, אשר מוסתרות לעתים קרובות בתוך גופי מים גדולים. הם רוצים להתערב עם האנושות כדי להגן על האינטרסים שלהם כאן, שהם בעיקר המשאבים של עולמכם. הם רוצים להבטיח את אמונם של בני האדם, וכך במשך כמה דורות הם היו מעורבים בתוכנית היתרבות בין גזעית, שבעשרים השנים האחרונות הפכה לנרחבת למדי.

מטרתם כפולה. ראשית, כפי שהזכרנו, המבקרים רוצים ליצור יצור דמוי אדם שיכול לחיות בתוך עולמכם אך יצור אשר יהיה קשור אליהם ואשר יהיה בעל מערך רגישויות ויכולות גדולות יותר. המטרה השנייה של תוכנית זו היא להשפיע על כל מי שהם נתקלים בו ולעודד אנשים לסייע להם במחוייבות שלהם. המבקרים רוצים וזקוקים לסיוע אנושי. זה מעצים את התוכנית שלהם מכל הבחינות. הם רואים אתכם כבעלי ערך. עם זאת, הם לא רואים אתכם בעמיתים שלהם או שווים אליהם. שימושיים בלבד, כך אתם נתפסים. לכן, כל מי שהם יפגשו, כל מי שהם יקחו, המבקרים יבקשו ליצור את התחושה הזו של עליונותם, ערכם וערך העשייה שלהם בעולם ומשמעותה. המבקרים יגידו לכל אלה אליהם הם פונים שהם כאן לטובתכם, והם יבטיחו לאלה שהם תופסים שהם לא צריכים לפחד. ועם כל מי שנראה פתוח במיוחד, הם ינסו ליצור בריתות - תחושת מטרה משותפת, אפילו תחושה משותפת של זהות ומשפחה, מורשת וגורל.

במסגרת התכנית שלהם, המבקרים למדו פיזיולוגיה ופסיכולוגיה אנושית בהרחבה, והם מנצלים את מה שרוצים אנשים, ובמיוחד את הדברים שאנשים רוצים אך לא הצליחו להשיג לעצמם, כמו שלום וסדר עולמי, יופי ושלווה. דברים מעין אלה יובטחו, ויש אנשים שיאמינו. באותם אחרים שלא יאמינו פשוט ישתמשו לפי הצורך.

כאן יש להבין, שהמבקרים מאמינים שהדבר ראוי לחלוטין על מנת לשמור על העולם. הם מרגישים שהם עושים לאנושות שירות נהדר, ולכן הם משוכנעים בלב שלם במטרתם. זה מדגים, לרוע המזל, אמת גדולה על קהילת היקום הגדולה - שחוכמה אמיתית וידיעה פנימית אמיתית הם נדירים ביקום לעומת מה שעושה רושם שקיים בעולמכם. טבעי לכם לקוות ולצפות

כי גזעים אחרים נפטרו מערמומיותם, מהמטרות האנוכיות שלהם, מתחרות ועימותים. אבל, לצערנו, זה לא המקרה. טכנולוגיה מפותחת יותר אינה מעלה את סגולתם הנפשית והרוחנית של היצורים הפרטיים בעלי אותה טכנולוגיה.

כיום ישנם אנשים רבים אשר נלקחים בניגוד לרצונם שוב ושוב. מכיוון שהאנושות מלאה אמונות טפלות ומבקשת להכחיש דברים שהיא לא יכולה להבין, פעילות מצערת זו מתנהלת בהצלחה ניכרת. אפילו עכשיו, ישנם אנשים בני כלאיים, אנושיים חלקית, זרים חלקית, אשר מהלכים בעולמכם. אין רבים מהם, אך מספרם יגדל בעתיד. אולי תפגשו פרט כזה יום אחד. הם ייראו כמוכם אבל יהיו שונים. אתם תחשבו שהם בני אדם, אך נראה כי משהו חיוני חסר בהם, דבר מה המוערך בעולמכם. אפשר להיות מסוגלים להבחין ולזהות אנשים אלה, אך על מנת לעשות זאת, תצטרכו להיות מיומנים בסביבה המנטלית וללמוד מה המשמעות של הידיעה הפנימית והחוכמה בקהילת היקום הגדולה.

אנו מרגישים כי ללמידה זו חשיבות עליונה, שכן אנו רואים את כל המתרחש בעולמכם מנקודת התצפית שלנו, והבלתי נראים מייעצים לנו לגבי דברים שאיננו יכולים לראות או שאין לנו גישה אליהם. אנו מבינים את האירועים הללו, שכן הם התרחשו אין ספור פעמים בקהילת היקום הגדולה, תוך שצורות השפעה ושכנוע מיושמים על גזעים שהם חלשים מדי או פגיעים מכדי להגיב ביעילות.

אנו מקווים ואנו סומכים על כך שאיש מכם העשוי לשמוע מסר זה לא יחשוב כי חדירות אלה לחיי בני האדם מועילות. לאלה אשר חשופים להשפעה יגרמו לחשוב שמפגשים אלה מועילים, הן עבור אותם היחידים עצמם והן עבור העולם. המבקרים יתייחסו לשאיפותיהם הרוחניות של אנשים, לרצונם לשלום והרמוניה, משפחה והכלה. הדברים הללו אשר מייצגים משהו כל כך מיוחד במשפחה האנושית, בהעדר חכמה והבנה, הם סימן לפגיעות הגדולה שלכם. רק אותם אנשים החזקים בידיעה פנימית ובחוכמה יוכלו לראות את ההונאה שמאחורי שכנוע מסוג זה. רק הם נמצאים

בעמדה המאפשרת לראות את ההונאה המתבצעת במשפחה האנושית. רק הם יכולים להגן על דעתם מפני ההשפעה המופעלת בסביבה המנטלית בכל כך הרבה מקומות בעולם כיום. רק הם יראו וידעו.

המילים שלנו לא יספיקו. גברים ונשים כאחד חייבים ללמוד לראות ולהכיר. אנחנו יכולים רק לעודד זאת. בואנו לכאן אל עולמכם התרחש בהתאם למציאות ההוראה הרוחנית בקהילת היקום הגדולה יותר, שכן ההכנה היא עכשיו כאן וזו הסיבה שאנחנו יכולים להיות מקור לעידוד. אם ההכנה לא הייתה כאן היינו יודעים שההצהרות שלנו והעידוד שלנו לא יהיו מספיקים ולא היו מוצלחים. בורא כל חי והבלתי נראים רוצים להכין את האנושות לקהילת היקום הגדולה. למעשה, זהו הצורך החשוב ביותר של האנושות בעת הזו.

לכן אנו ממליצים לכם לא להאמין כי נטילת בני אדם וילדיהם ומשפחותיהם מועילה בצורה כלשהי לאנושות. עלינו להדגיש זאת. החופש שלכם יקר. החירות האישית שלכם והחופש שלכם בגזע הם יקרים. לקח לנו זמן רב מאוד להחזיר את החופש שלנו לעצמנו. אנחנו לא רוצים לראות אתכם מאבדים את החירות שלכם.

תוכנית ההתרבות הבין גזעית המתרחשת בעולם תימשך. הדרך היחידה שניתן להפסיק אותה היא על ידי אנשים שזוכים לאמץ מודעות גדולה יותר ותחושת הסמכות הפנימית הזו. רק זה יביא את החדירות האלה לקיצם. רק זה יחשוף את ההונאה שמאחוריהם. קשה לנו לדמיין עד כמה נורא זה צריך להיות עבור האוכלוסייה שלכם, עבור אותם גברים ונשים, עבור אותם קטנטנים שעוברים את הטיפול הזה, את החינוך מחדש הזה, את ההרגעה הזו. לפי הערכים שלנו דבר זה נתפס כתועבה, ובכל זאת אנו יודעים שהדברים הללו מתרחשים בקהילת היקום הגדולה ואכן התרחשו בעבר מאז ומעולם.

אולי המילים שלנו יניבו יותר ויותר שאלות. זה בריא וזה טבעי, אך איננו יכולים לענות על כל השאלות שלכם. עליכם למצוא את האמצעים להשיג את התשובות בעצמכם. אך אינכם יכולים לעשות זאת ללא הכנה,

ואינכם יכולים לעשות זאת ללא התמצאות. נכון לעכשיו אנו מבינים שהאנושות כולה לא מסוגלת להבדיל בין הפגנת היכולות של קהילת היקום הגדולה יותר לבין ביטוי רוחני אמיתי. זה באמת מצב קשה מביוון שהמבקרים שלכם יכולים להקרין תמונות, הם יכולים לדבר עם אנשים דרך הסביבה המנטלית ודבריהם יכולים להתקבל ולהימסר דרך אנשים. הם יכולים להשפיע בצורת השפעה כזו מכיוון שהאנושות עצמה עדיין אינה בעלת מיומנות או הבחנה מהסוג הזה.

האנושות אינה מאוחדת. היא חלוקה ומפורקת. היא במחלוקת עם עצמה. זה הופך אתכם לפגיעים ביותר להפרעות ומניפולציה חיצונית. המבקרים שלכם מבינים שהשאיפות והנטיות הרוחניות שלכם הופכים אתכם למטרות פגיעות במיוחד וטובות במיוחד לניצול על ידם. כמה קשה להשיג אובייקטיביות אמיתית ביחס לדברים הללו. אפילו מהיכן שאנחנו הגענו, זה היה אתגר גדול ביותר. אך למי שרוצה להישאר חופשי ולחיות עם הגדרה עצמית בקהילת היקום הגדולה, חייב לפתח מיומנויות אלה, ועליהם לשמר את משאביהם כדי לא להידרש לבקש אותם מאחרים. אם העולם שלכם יאבד את ההסתמכות העצמית שלו, הוא יאבד חלק גדול מהחופש שלו. אם אתם חייבים לתור אל מעבר לעולם שלכם כדי לחפש את המשאבים להם אתם זקוקים כדי לחיות, תאבדו הרבה מכוחכם מול אחרים. מכיוון שמשאבי העולם שלכם הולכים ומתמעטים, זהו חשש כבד לאלו מאיתנו הצופים מרחוק. זה גם מדאיג את המבקרים שלכם, שכן הם רוצים למנוע את הרס הסביבה שלכם, לא בשבילכם אלא בשביל עצמם.

לתכנית ההתרבות הבין גזעית יש מטרה אחת בלבד והיא לאפשר למבקרים ליצור נוכחות והשפעה שלטת בעולם. אל תחשבו שהמבקרים חסרים משהו שהם צריכים מכם מלבד המשאבים שלכם. אל תחשבו שהם זקוקים לאנושיות שלכם. הם רק מעוניינים בכך שהאנושיות שלכם תבטיח לעצמם את עמדתם בעולם. אל תחמיאו לעצמכם. אל תתמכרו למחשבות באלה. הן לא מוצדקות. אם אתם יכולים ללמוד לראות את המצב בבהירות כמו שהוא באמת, אתם תראו ותדעו את הדברים האלה בעצמכם. תבינו מדוע

אנו כאן ומדוע האנושות זקוקה לבני ברית בקהילת היקום הגדולה יותר של חיים תבוניים. ותראו את החשיבות של למידת הידיעה הפנימית והחכמה הגדולה יותר ולמידת הרוחניות של קהילת היקום הגדולה יותר.

מכיוון שאתם יוצאים לסביבה בה הדברים האלה הופכים חיוניים להצלחה, לחופש, לאושר ולחוסן, אכן תזדקקו לידיעה הפנימית ולחוכמה הגדולה יותר כדי לבסס את עצמכם כגזע עצמאי בקהילת היקום הגדולה. עם זאת, עצמאותכם הולכת ואובדת בכל יום שעובר. ואולי אינכם רואים את אובדן החופש שלכם, אם כי אולי אתם מרגישים זאת בדרך כלשהי. איך יכולתם לראות את זה? אינכם יכולים לצאת אל מחוץ לעולם שלכם ולהתבונן באירועים הסובבים אותו. אין לכם גישה למעורבות פוליטית ומסחרית של הכוחות הזרים הפועלים בעולם כיום להבנת המורכבות שלהם, האתיקה שלהם או הערכים שלהם.

לעולם אל תניחו כי גזע ביקום שנוסע למטרות מסחר כל שהם, מתקדם מבחינה רוחנית. מי שמחפש מסחר מחפש יתרון. אלה שנוסעים מכוכב לכוכב, אלה שהם חוקרי משאבים, אלו המבקשים להניף דגלים משלהם הם לא אלה שאתם צריכים להחשיב כמתקדמים מבחינה רוחנית. אנו לא רואים אותם כמתקדמים מבחינה רוחנית. יש כוח ארצי, ויש כוח רוחני. אתם יכולים להבין את ההבדל בין הדברים הללו, ועכשיו עליכם לראות את ההבדל הזה על רקע סביבה גדולה יותר.

אנו באים, אם כן, עם תחושת מחויבות עמוקה ותמיכה חזקה בשימור החופש שלכם, בכך שתהפכו לחזקים ועם יכולת הבחנה ולא להיכנע לשכנוע או הבטחות לשלום, כוח והכלה מאלה שאינכם מכירים. ואל תתנו לעצמכם להתנחם במחשבה שהכל יתברר כטוב לאנושות או אפילו עבורכם באופן אישי, שכן זה אינו חכם. על החכמים בכל מקום ללמוד לראות את מציאות החיים סביבם וללמוד להתנהל מול חיים אלה בדרך מועילה.

לכן, קבלו את התמיכה הזו שלנו. נדבר שוב בהמשך על עניינים אלה ונמחיש את החשיבות של קבלת הבחנה ושיקול דעת. ואנחנו גם נדבר יותר

על מעורבותם של המבקרים שלכם בעולם בתחומים שחשוב מאוד להבין אותם. אנו מקווים שתוכלו לקבל את דברינו אלה.

תקציר שלישי

אזהרה גדולה

אנו מרגישים חובה להמשיך לדבר איתכם על ענייני עולמכם ולעזור לכם לבחון, אם אפשר, את מה שאנחנו רואים מנקודת המבט שלנו. אנו מבינים שקשה לקבל את הדברים וזה יגרום לחרדה ודאגה ניכרת, אך עליכם להיות מעודכנים.

המצב חמור מאוד מנקודת המבט שלנו, ואנחנו חושבים שזה יהיה חוסר מזל עצום אם אנשים לא יהיו מעודכנים בצורה הנכונה. יש כל כך הרבה הונאה בעולם בו אתם חיים, וגם בעולמות רבים אחרים, עד כי האמת, על אף שהיא ניכרת ומובנת מאליה, אינה מזוהה, וסימניה והמסרים שלה אינם נחשפים. אנו, אפוא, מקווים שהנוכחות שלנו יכולה לעזור להבהיר את התמונה, ולעזור לכם ולאחרים לראות מה באמת ניצב מולכם. אין לנו את ההתפשרות הזו בתפיסה שלנו, שכן נשלחנו לחזות בעצם הדברים שאנחנו מתארים.

עם הזמן, אולי תוכלו לדעת את הדברים האלה בעצמכם, אך אין לכם את הזמן הזה. הזמן ברגע דוחק. ההכנה של האנושות להופעת כוחות מקהילת היקום הגדולה נמצאת באיחור רב מהמתוכנן. אנשים חשובים רבים לא נענו. והחדירה לעולם הואצה בקצב גדול בהרבה ממה שהיה נחשב בהתחלה לאפשרי.

אנו באים עם מרווח של זמן קצר מאוד, ובכל זאת אנו מעודדים אתכם לשתף מידע זה. כפי שציינו במסרים הקודמים שלנו, העולם

עובר הסתננות, והסביבה המנטלית עוברת התניה והכנה. הכוונה אינה למגר את בני האדם אלא להשתמש בהם, להפוך אותם לעובדים של ה"קולקטיב" הגדול יותר. מוסדות העולם ובוודאי הסביבה הטבעית שלכם מוערכים, והעדפתם של המבקרים היא לשמר את אלה לשימושם. הם לא יכולים לחיות כאן, ועל מנת לזכות באמון שלכם, הם משתמשים בטכניקות רבות מתוך אלה שתארנו. נמשיך בתיאורנו להבהרת דברים אלה.

הגעתנו לכאן סובלה על ידי מספר גורמים, שאחד החשובים שבהם הוא חוסר המוכנות של מי שאליהם עלינו להגיע ישירות. הדובר שלנו, מחבר ספר זה, הוא היחיד איתו הצלחנו ליצור קשר יציב ואיתן. ישנם כמה אחרים שמראים הבטחה, אך עלינו למסור לדוברנו את המידע הבסיסי.

מנקודת מבטם של המבקרים שלכם, כפי שלמדנו, ארצות הברית נחשבת למובילה בעולם, ולכן יושם בה הדגש הגדול ביותר. אך גם עם המדינות הגדולות האחרות יצרו קשר, שכן הן מוכרות כבעלות כוח, וכוח זה דבר שהמבקרים מבינים, שכן הם נשמעים אחר תכתיבי הכוח ללא עוררין ובמידה גדולה הרבה יותר ממה שאכן ניתן להבחין שקורה בעולמכם.

ייעשו ניסיונות לשכנע את מנהיגי המדינות החזקות ביותר להיות פתוחים לנוכחותם של המבקרים ולקבל מתנות ותמריצים לשיתוף פעולה עם הבטחה לתועלת הדדית, ואפילו בכדי להבטיח את חלקם של מדינות אלו בשלטון עולמי. יהיו כאלה במסדרונות הכוח בעולם שיענו לתמריצים הללו, שכן הם יחשבו שיש כאן הזדמנות גדולה לקחת את האנושות מעבר לתרחישי הבלהות של המלחמה הגרעינית אל עבר קהילה חדשה על פני האדמה, קהילה אשר הם יובילו למטרות שלהם. עם זאת, מנהיגים אלה הולכים שולל, ביוון שלא יתנו להם את המפתחות לאפשרות זו. הם פשוט יהיו הבוררים במעבר הכוח לאחרים.

את זה עליכם להבין. זה לא כל כך מורכב. מבחינתנו ומנקודת התצפית שלנו זה ברור. ראינו את זה מתרחש במקומות אחרים. זו אחת הדרכים בהן ארגונים של גזעים שקיימים בקולקטיבים מגייסים עולמות מתפתחים כמו שלכם. הם מאמינים באמונה שלמה שהתכנית שלהם היא טובה ולתועלת

העולם שלכם, שכן האנושות אינה זוכה להערכה רבה, ואף על פי שאתם בעלי מעלה מבחינות מסוימות, המגרעות שלכם עולות בהרבה על הפוטנציאל שלכם, מנקודת המבט שלהם. איננו מחזיקים בדעה זו, אחרת לא היינו בעמדה שאנו נמצאים בה, ואנחנו לא היינו אם כך מציעים לכם את שירותינו כבעלי הברית של האנושות.

לכן קיים בעת קושי גדול ביכולת הבחנה, שזה אכן אתגר גדול מאוד. האתגר הוא לאנושות להבין מי הם באמת בעלי הברית שלה ולהיות מסוגלים להבדיל ביניהם לבין יריביה הפוטנציאליים. אין פלגים נייטרליית בעניין זה. העולם הוא בעל ערך רב מדי, משאביו מוכרים כייחודיים ובעלי ערך ניכר. אין פלגים נייטרליים העוסקים בענייני האנושות. אופיה האמיתי של ההתערבות הזרה הוא להפעיל השפעה ושליטה ובסופו של דבר לבסס כאן שליטה.

אנחנו לא המבקרים. אנחנו משקיפים. אנו לא טוענים לשום זכויות על עולמכם, ואין לנו מטרה לבסס את עצמנו כאן. מסיבה זו שמותינו מוסתרים, מכיוון שאיננו מנהלים יחסים איתכם מעבר ליכולת שלנו לספק את העצות שלנו בדרך זו. איננו יכולים לשלוט בתוצאה. אנו יכולים רק לייעץ לכם לגבי הבחירות וההחלטות שעל אנשיכם לקבל לאור אירועים גדולים יותר אלה.

לאנושות יש הבטחה גדולה והיא טיפחה מורשת רוחנית עשירה, אך היא ללא השכלה ביחס לקהילת היקום הגדולה שאליה היא מגיחה. האנושות חלוקה ומצויה בעימותים בתוך עצמה, ובבך הופכת את עצמה חשופה למניפולציות ולפלישה של אלה הנמצאים מעבר לגבולותיה. אנשיכם עסוקים בדאגות היום יום, אך מציאות יום המחר אינה מזוהה. איזה רווח ניתן להרוויח מההתעלמות מתנועת העולם הגדולה יותר ומההנחה שההתערבות המתרחשת כיום היא לטובתכם? אין ספק שלא היה אחד מביניכם שיכול היה לומר זאת אם הייתם רואים את המציאות כהווייתה.

באופן מסוים, זה עניין של נקודת מבט. אנו יכולים לראות ואתם אינכם יכולים, מכיוון שאין לכם את נקודת התצפית. אתם צריכים להיות מעבר לעולם שלכם, מחוץ לתחום השפעת העולם שלכם, בדי לראות את מה

שאנחנו רואים. ובכל זאת, כדי לראות את מה שאנחנו רואים, עלינו להישאר מוסתרים מכיוון שאם היינו מתגלים, בוודאי היינו נכחדים. המבקרים שלכם רואים במשימה שלהם את הערך הגבוה ביותר, והם רואים את כדור הארץ כבעל ההבטחה שלהם הגדולה ביותר בין כמה אחרות. הם לא יחדלו בגללנו. אם כן, זוהי החירות שלכם שאתם עצמכם חייבים להוקיר ושעליה אתם חייבים להגן. איננו יכולים לעשות זאת בשבילכם.

כל עולם, אם הוא מבקש לבסס את האחדות, החופש וההגדרה העצמית שלו בקהילת היקום הגדולה, חייב לבסס את החופש הזה ולהגן עליו במידת הצורך. אחרת, השתלטות תתרחש באופן וודאי ותהיה מוחלטת.

מדוע המבקרים שלכם רוצים את העולם שלכם? זה פשוט ברור כל כך. זה לא שהם מעוניינים בכם במיוחד. זה המשאבים הביולוגיים של עולמכם. זה המיקום האסטרטגי של מערכת השמש הזו. אתם מועילים להם רק מתוך החשיבות של הדברים האלה ועד כמה ניתן לנצל אותם. הם יציעו את מה שאתם מבקשים והם יגידו את מה שאתם רוצים לשמוע. הם יציעו תמריצים, והם ישתמשו בדתות שלכם ובאידיאלים הדתיים שלכם כדי לטפח אמון וביטחון הטוען שהם, יותר מכם, מבינים את צרכי עולמכם ויוכלו לשרת את הצרכים האלה על מנת להביא לכדי שוויון נפש גדול יותר. מכיוון שנראה שהאנושות לא מסוגלת לבסס אחדות וסדר בזה, אנשים רבים יפתחו את שכלם ואת ליבם לאלה אשר להבנתם יש את הסיכויים הגדולים יותר לעשות זאת.

בשיח השני דיברנו בקצרה על תוכנית ההתרבות הבין גזעית. יש באלה ששמעו על תופעה זו, ואנחנו מבינים שהתקיימו דיונים מסוימים בנושא זה. הבלתי נראים אמרו לנו כי ישנה מודעות הולכת וגוברת לכך שתוכנית כזו קיימת, אך באופן מדהים אנשים לא יכולים לראות את ההשלכות הברורות בנושא זה, מאחר שהם נתונים כל כך להעדפות שלהם בעניין זה וכל כך לא מצויידים כדי להתמודד עם מה יכולה להיות המשמעות של התערבות כזו. ברור שתוכנית בין גזעית היא ניסיון למזג את ההסתגלות של האנושות לעולם הפיזי יחד עם התודעה הקבוצתית והמודעות הקולקטיבית של

המבקרים. צאצאים כאלה יהיו במצב מושלם לספק את ההנהגה החדשה לאנושות, מנהיגות שהיא תולדה של הכוונות של המבקרים ומסע ההשתלטות שלהם. אנשים אלה יהיו בעלי קשרי דם עם אנשים בעולם, ולכן יהיו כאלה הקשורים אליהם ויקבלו את נוכחותם. ובכל זאת המודעות שלהם לא תהיה איתכם, וגם לא ליבם. ולמרות שהם עשויים לחוש אהדה כלפי המצב שלכם והדרך שמצב זה עשוי להתברר, לא תהיה להם הסמכות האישית, ללא ההכשרה בדרך הידיעה והתובנה הפנימית בעצמם, לסייע לכם או להתנגד לתודעה הקולקטיבית שטיפחה אותם כאן והעניקה להם חיים.

אתם מבינים, חופש הפרט אינו מוערך על ידי המבקרים. הם רואים בזאת פזיזות וחוסר אחריות. הם רק מבינים את התודעה הקולקטיבית שלהם, שהם רואים אותה כמיוחסת ומבורכת. ובכל זאת הם אינם יכולים לגשת לרוחניות אמיתית, המכונה 'ידיעה' ביקום, שכן הידיעה נולדת מגילוי עצמי של הפרט ומובאת לידי ביטוי באמצעות מערכות יחסים ברמה גבוהה ביותר. אף אחת מהתכונות האלה אינן קיימות בהרכב החברתי של המבקרים. הם לא יכולים לחשוב בשביל עצמם. רצונם אינו שלהם בלבד. וכך באופן טבעי הם לא יכולים לכבד את הסיכויים לפיתוח שתי התכונות הגדולות הללו בעולמכם, והם ללא ספק אינם מסוגלים לטפח דברים כאלה בעצמם. הם רק מחפשים התאמה ואמון. והתורות הרוחניות שיזכו על ידם לטיפוח בעולם רק ישמשו לגרום לבני אדם להיות מותאמים, פתוחים ונותני אמון על מנת לייצר בהם אמון שמעולם לא הרוויחו.

ראינו את הדברים האלה בעבר במקומות אחרים. ראינו עולמות שלמים נופלים תחת שליטת קולקטיבים כאלה. יש הרבה קולקטיבים כאלה ביקום. משום שקולקטיבים כאלה עוסקים בסחר בין-פלנטרי ומתפרשים על פני אזורים נרחבים, הם דבקים בהתאמה קפדנית בתוך עצמם ללא סטייה כלשהי. לא מתקיימת בתוכם אינדיבידואליות, לפחות לא בשום דרך שתוכלו בה להכיר.

איננו בטוחים שנוכל לתת דוגמה מעולמכם המסביר כיצד דבר כזה יכול להיות, אך נאמר לנו כי ישנם אינטרסים מסחריים המשתרעים על תרבויות

נרחבות בעולמכם, המפגינים כוח אדיר ובכל זאת נשלטים על ידי מעטים בלבד. זו אולי אנלוגיה טובה למה שאנחנו מתארים. עם זאת, מה שאנחנו מתארים הוא הרבה יותר חזק, פולשני ומבוסס בהשוואה לדברים שאתם יכולים להציע בעולם כדוגמה.

זה נכון לגבי חיים תבוניים בכל מקום שהפחד יכול להיות כוח הרסני. עם זאת הפחד משרת מטרה אחת ויחידה אם הוא נתפס כראוי, וזה ליידע אותך על נוכחותה של סכנה. אנו מודאגים, וזה טבע הפחד שלנו. אנו מבינים מה נמצא בסכנה. זה אופי הדאגה שלנו. הפחד שלכם נולד מכיוון שאתם לא יודעים מה קורה, ולכן זה פחד הרסני. זהו פחד שאינו יכול להעצים אתכם או לתת לכם את התפיסה שאתם צריכים להבין את המתרחש בעולם שלכם. אם אתם יכולים לדעת יותר, אז הפחד יהפוך לדאגה והדאגה תהפוך לפעולה בונה. איננו יודעים שום דרך אחרת לתאר זאת.

תוכנית ההתרבות הבין גזעית מצליחה מאוד. כבר יש מי שמתהלכים על פני כדור הארץ שלכם שנולדו מתוך המאמץ הקולקטיבי של המבקרים ומתוך תודעתם. הם לא יכולים להתגורר כאן לפרקי זמן ארוכים, אך תוך מספר שנים בלבד, הם יוכלו להישאר על פני עולמכם לצמיתות. השלמות של ההנדסה הגנטית שלהם תהיה בזו, שהם ייראו מעט שונים מכם, יותר באופן ההתנהגות ובנוכחות שלהם מאשר במראה הגופני שלהם, עד כדי כך שהם בכל הנראה יעלמו בקרבכם ולא יכירו אותם. עם זאת, יהיו להם יכולות שכליות גדולות יותר. וזה ייתן להם יתרון איתו לא תוכלו להתמודד אלא אם תהיו מאומנים ב"דרכי התבונה".

כזו היא המציאות הגדולה יותר שלתוכה מתעוררת האנושות - יקום מלא פלאות וזוועות, יקום של השפעות, יקום של תחרות, ובכל זאת גם יקום מלא חסד, דומה לעולמכם שלכם אך גדול לאין שיעור. כאן זה לא המציאות השמיימית שאתם מחפשים. עם זאת, הכוחות שאיתם אתם צריכים להתמודד כן כאן. זהו הסף הגדול ביותר איתו תצטרכו להתמודד אי פעם. כל אחד מאיתנו בקבוצה שלנו התמודד עם זה בעולמות שלנו, והיו הרבה מאוד בישלונות, ורק הצלחות מסוימות בלבד. גזעים של יצורים שיכולים לשמור

על חירותם ובידודם צריכים להיות חזקים ומאוחדים, וככל הנראה יצטרכו להסתייג במידה רבה מאוד מאינטראקציות בלשהן עם קהילת היקום הגדולה על מנת להגן על החופש הזה.

אם תקדישו מחשבה לדברים הללו, אולי כתוצאה מכך תמצאו הקשרים לדברים דומים בעולם שלכם עצמכם. הבלתי נראים סיפרו לנו רבות על ההתפתחות הרוחנית שלכם וההבטחה הגדולה שלכם, אך הם גם דיווחו לנו שהנטייה והאידיאלים הרוחניים שלכם מתומרנים מאוד ברגע זה. ישנן תורות שלמות המוחדרות לעולם בעת והמלמדות בניעה אנושית והשעיית יכולות ביקורתיות וערבן, רק כדי לחוות את אשר נעים ונוח. תורות אלה ניתנות כדי להשבית את יכולתם של אנשים לגשת לידיעה הפנימית בתוך עצמם עד שאנשים יגיעו לנקודה בה הם ירגישו שהם תלויים לחלוטין בכוחות גדולים יותר שאינם יכולים לזהות. בשלב זה הם יסכימו לכל מה שמוכתב להם לעשות, וגם אם הם חשים שמשהו לא בסדר, כבר לא יהיה להם כוח להתנגד.

האנושות חיה בבידוד זמן רב מאוד. אולי קיימת האמונה כי התערבות כזו אינה יכולה להתקיים וכי לכל אדם יש זכויות קנייניות על התודעה והשכל שלו. אבל אלה רק הנחות. עם זאת נאמר לנו שהחכמים בעולמכם למדו להתגבר על הנחות אלה ורכשו את הכוח לבסס את הסביבה המנטלית שלהם.

אנו חוששים שהמילים שלנו יכולות להיות מאוחרות מדי ויש להן השפעה מועטה מדי וכי למי שבחרנו שיקבל אותנו יש מעט מדי סיוע ותמיכה בבדי להנגיש מידע זה. הוא יתקל בחוסר אמון ובלעג, שכן לא יאמינו לו, והדברים עליהם ידבר יהיו סותרים למה שרבים מניחים שהוא נכון. אלה שנפלו לידי שכנועים זרים, הם יתנגדו לו במיוחד, כי אין להם ברירה בעניין זה.

למצב חמור זה שלח בורא העולם הכנה, הוראה של יכולת והבחנה רוחנית, עוצמה וכוח, והישגים. אנו תלמידים של הוראה כזו, כמו רבים ברחבי היקום. הוראה זו היא סוג של התערבות אלוהית. זה לא שייך לאף

עולם אחד. זה לא נחלתו של אף גזע אחד. זה לא מרוכז סביב גיבור או גיבורה, אדם יחיד אחד כזה או אחר. הכנה כזו זמינה בעת. זה יהיה בעת נצרך. מבחינתנו, זה הדבר היחיד שיכול לתת לאנושות סיכוי להתבונן ולהבחין את הדרוש הבחנה ביחס לחייכם החדשים בקהילת היקום הגדולה.

כפי שהתרחש בעולמכם בהיסטוריה שלכם עצמכם, הראשונים להגיע לארצות החדשות הם החוקרים והכובשים. הם לא באים מסיבות אלטרואיסטיות. הם באים ומחפשים כוח, משאבים ושליטה. זהו טבעם של החיים. אם האנושות הייתה בקיאה בענייני קהילת היקום הגדולה, הייתם מתנגדים לכל ביקור בעולמכם אלא אם כן נקבע הסכם הדדי קודם לכן. הייתם יודעים מספיק כדי לא לתת לעולמכם להיות בה פגיע וחשוף.

נכון לעכשיו יש כאן יותר מקולקטיב אחד שמתמודדים על יתרון כלשהו. זה מציב את האנושות באמצע מערכת נסיבות מאוד לא שגרתית ועם זאת מאירה ומלמדת. זו הסיבה שהודעות המבקרים בדרך כלל נראות לא עקביות. היה ביניהם מחלוקות, ובכל זאת הם יגלו מוכנות לדון זה עם זה אם תתקיים תועלת הדדית לעשות זאת. למרות כל זאת, הם עדיין בתחרות. מבחינתם זו החזית. עבורם, אתם מוערכים רק בשימושיים בלבד. אם יקרה ובבר לא יכירו בכם כשימושיים אתם פשוט תושלכו.

כאן יש אתגר גדול לאנשי עולמכם ובמיוחד לאלה הנמצאים בעמדות כוח ואחריות להכיר בהבדל בין נוכחות רוחנית לביקור של קהילת היקום הגדולה. ובכל זאת, איך אתם יכולים לקבל את ההקשר הרחב יותר לקיים אבחנה זו? איפה תוכלו ללמוד דברים כאלה? מי בעולמכם נמצא בעמדה ללמד על מציאות קהילת היקום הגדולה? רק הוראה שבאה מעבר לעולם יכולה להבין אתכם לחיים שמעבר לעולם, והחיים מעבר לעולם נמצאים בעת בעולמכם, מבקשים להתבסס כאן, מבקשים להרחיב את השפעתם, מבקשים לזכות בתודעתם וליבם ונפשם של אנשים בכל מקום ומקום. זה כל כך פשוט. ובבל זאת כה הרסני.

לכן, המשימה שלנו במסרים האלה היא להביא את האזהרה הגדולה, אך אזהרה אינה מספיקה. חייבת להיות הכרה בקרב בני עמכם. לפחות

בין מספיק אנשים כאן, חייבת להיות הבנה של המציאות העומדת בפניכם עכשיו. זהו האירוע הגדול ביותר בהיסטוריה האנושית - האיום הגדול ביותר על חופש האדם וההזדמנות הגדולה ביותר לאחדות ושיתוף פעולה אנושי. אנו מכירים ביתרונות הגדולים ובאפשרויות הגדולות הללו, אך עם כל יום שעובר ההבטחה שלהם דועכת - היא דועכת בכל שיותר ויותר אנשים נשבים והמודעות שלהם מטופחת מחדש ונבנית מחדש, בכל שיותר ויותר אנשים לומדים על התורות הרוחניות שמקדמים המבקרים, בכל שיותר ויותר אנשים נעשים כנועים יותר ופחות מסוגלים להבחין.

הגענו לבקשתם של הבלתי נראים לשמש בתפקיד זה במשקיפים. אם נצליח, נשאר בקרבת עולמכם רק מספיק זמן כדי להמשיך ולמסור לכם מידע זה. מעבר לזה, נשוב לעולמות שלנו. אם אנו ניכשל ואם הגאות תתהפך נגד האנושות ואם החושך הגדול יבוא על פני העולם, אפלת השליטה, או אז נצטרך לצאת לדרך, בלי שהמשימה שלנו מומשה. כך או כך, איננו יכולים להישאר איתכם, אם כי במקרה שתגלו הבטחה נישאר ונשמור עליכם עד שתוכלו לעמוד בבוחות עצמכם. כלולה בבך הדרישה שתהיו מסוגלים לסמוך על עצמכם. אם תסתמכו על סחר עם גזעים אחרים, זה ייצור סיכון גדול מאוד של מניפולציות מהכיוון הזה, שכן האנושות עדיין אינה חזקה דיה כדי להתנגד לכוח בסביבה המנטלית שניתן להפעיל כאן ומופעל כאן בעת.

המבקרים ינסו ליצור רושם שהם "בעלי ברית של האנושות." הם יגידו שהם כאן כדי להציל את האנושות מעצמה, שרק הם יכולים להציע את התקווה הגדולה שהאנושות לא יכולה לספק לעצמה, שרק הם יכולים להקים סדר והרמוניה אמיתיים בעולם. אבל הסדר וההרמוניה הזו תהיה שלהם, לא שלכם. והחופש שהם מבטיחים לא יהיה כזה שאתם תוכלו ליהנות ממנו.

תקציר רביעי

מניפולציה של מסורות ואמונות דתיות

על מנת להבין את פעילותם של המבקרים בעולם כיום, עלינו להציג מידע נוסף אודות השפעתם על מוסדות וערכי דת עולמיים והשפעתם על הדחפים הרוחניים הבסיסיים המשותפים לטבע שלכם ואשר, במובנים רבים, משותפים לחיים תבוניים בחלקים רבים של קהילת היקום הגדולה.

ראשית, עלינו לומר כי הפעילויות שהמבקרים עורכים בעולם בתקופה זו התנהלו פעמים רבות בעבר במקומות רבים ושונים עם הרבה תרבויות שונות בקהילת היקום הגדולה. המבקרים שלכם אינם ממחוללי הפעילויות האלה, אלא פשוט משתמשים בהם לפי שיקול דעתם במידה שהם מודעים להם והשתמשו בהם בעבר.

חשוב שתבינו שכישורי השפעה ומניפולציה פותחו לרמה גבוהה מאוד של פונקציונליות בקהילת היקום הגדולה. בכל שגזעים נעשים יותר מיומנים ומסוגלים יותר מבחינה טכנולוגית, הם מפעילים זה על זה סוגים יותר עדינים ויותר נרחבים של השפעה. בני אנוש התפתחו עד כה רק בכדי להתחרות זה בזה, כך שעדיין אין לכם יתרון הסתגלותי זה. זו כשלעצמה היא אחת הסיבות לכך שאנו מציגים בפניכם חומר זה. אתם נכנסים למערכת נסיבות חדשה

לגמרי הדורשת טיפוח היכולות המובנות שלכם כמו גם למידת מיומנויות חדשות.

אף שהאנושות מייצגת מקרה ייחודי, הגיחה לקהילת היקום הגדולה התרחשה אינספור פעמים בעבר עם גזעים אחרים. לכן, מה שמבצעים איתכם נעשה בעבר. הוא פותח במידה רבה מאוד, וכעת הוא מותאם ומיושם לחיים שלכם ולמצב שלכם בקלות רבה יחסית לתחושתנו.

תוכנית ההרגעה המיושמת על ידי המבקרים מאפשרת זאת בחלקה. הנטייה הטבעית ליחסי שלום והרצון להימנע ממלחמה וסכסוך ראויים להערכה, אך יכולים ואכן מיושמים נגדכם. אפילו הדחפים האצילים ביותר שלכם יכולים לשמש למטרות חלופיות. ראיתם זאת בהיסטוריה שלכם עצמכם, בטבע שלכם ובחברות שלכם. שלום ניתן לבסס רק על בסיס איתן של חוכמה, שיתוף פעולה ויכולת אמיתית.

האנושות עוסקת באופן טבעי ביצירת יחסי שלום בין שבטים ועמים של עצמה. אולם בעת יש לה מערך גדול של בעיות ואתגרים. אנו רואים את אלה בהזדמנויות להתפתחות שלכם, שכן זה יהיה רק האתגר של גיחה לקהילת היקום הגדולה שתאחד את העולם וייתן לכם את הבסיס לאחדות זו להיות אמיתית, חזקה ויעילה.

לכן אנו לא באים לבקר את המוסדות הדתיים שלכם או את הדחפים והערכים היסודיים ביותר שלכם, אלא להמחיש לכם כיצד אותם גזעים חוצנים שמתערבים בעולמכם משתמשים בהם נגדכם. ואם זה בכוחנו, אנו רוצים לעודד יישום נכון של הסגולות וההישגים שלכם לשמירה על עולמכם, חירותכם והיושרה שלכם כגזע בקרב קהילת היקום הגדולה יותר.

המבקרים מיסודם הם מעשיים בגישתם. זה גם חוזקה וגם חולשה. כפי שצפינו אנו בהם, גם כאן וגם במקומות אחרים, אנו רואים שקשה להם לסטות מתוכניותיהם. הם אינם מותאמים היטב לשינוי, והם גם לא יכולים להתמודד עם מורכבות בצורה מאוד יעילה. לכן הם מבצעים את תוכניתם באופן כמעט רשלני, שכן הם חשים שהם צודקים ושיש להם את היתרון. הם לא מאמינים כי האנושות תקים התנגדות נגדם – לפחות לא התנגדות

שתשפיע עליהם באופן משמעותי. והם מרגישים שהסודות שלהם וסדר היום שלהם נשמרים היטב והם מעבר להבנה אנושית.

לאור זה, הפעילות שלנו בהצגת חומר זה בפניכם הופכת אותנו לאויבים שלהם, בוודאי בעיניהם. אולם בעינינו אנו מנסים רק להתעמת עם השפעתם ולהעניק לכם את ההבנה שאתם צריכים ואת נקודת המבט שעליה עליכם להסתמך על מנת לשמור על חירותכם בגזע ולהתמודד עם המציאות של קהילת היקום הגדולה.

בשל האופי המעשי של גישתם, הם מבקשים להשיג את יעדיהם ביעילות הגדולה ביותר האפשרית. הם מבקשים לאחד את האנושות אך רק בהתאם להשתתפות שלהם ולפעולות שלהם בעולם. עבורם, אחדות אנושית מהווה דאגה מעשית. הם אינם מעריכים גיוון בתרבויות; הם בהחלט לא מעריכים זאת בתרבויות שלהם. לכן הם ינסו למגר זאת או למזער זאת, אם ניתן, בכל מקום שהם מפעילים את השפעתם.

בשיח הקודם דיברנו על השפעת המבקרים על צורות רוחניות חדשות - על רעיונות חדשים וביטויים חדשים של אלוהות אנושית וטבע אנושי שנמצאים בעולמכם בזמן זה. בדיון שלנו בעת, ברצוננו להתמקד בערכים ובמוסדות המסורתיים שהמבקרים שלכם מבקשים להשפיע עליהם ומשפיעים עליהם כיום.

בשאיפתם לאחידות וקונפורמיזם, המבקרים יסתמכו על אותם מוסדות ועל אותם ערכים שהם מרגישים שהם היציבים והמעשיים ביותר לשימושם. הם לא מתעניינים ברעיונות שלכם, והם לא מתעניינים בערכים שלכם, למעט אותם הדברים העשויים לקדם את סדר יומם. אל תוליכו שולל את עצמכם במחשבה שהם נמשכים לרוחניות שלכם, מכיוון שהם חסרים דברים כאלה בעצמם. זו תהיה טעות טיפשית ואולי קטלנית. אל תחשבו שהם מאוהבים בחיים שלכם ומאוהבים באותם דברים שאתם מחשיבים כמסקרנים. כי רק במקרים נדירים תוכלו להשפיע עליהם בדרך זו. כל הסקרנות הטבעית נגדעה מתוכם ונשאר מעט מאוד. יש, למעשה, מעט מאוד ממה שהייתם מכנים "רוח" או מה שאנחנו היינו מכנים "וָארְנֶה" או "דרך התובנה". הם

כולם נשלטים ושולטים, ובעצמם הולכים בעקבות דפוסי חשיבה והתנהגות המבוססים היטב ומחוזקים בקפדנות רבה. ייתכן ונראה שהם מזדהים עם הרעיונות שלכם, אבל זה רק בדי להשיג את הנאמנות שלכם.

בבל הקשור למוסדות דת מסורתיים בעולמכם, הם ישאפו לנצל את אותם ערכים ואותן אמונות יסוד שיכולות לשמש אותם בעתיד כדי להכניס אתכם איתם לברית. הבה וניתן לכם כמה דוגמאות, שנולדו הן מהתצפיות שלנו והן מהתובנות שהבלתי נראים העניקו לנו לאורך הזמן.

חלק גדול מעולמכם שייך לאמונה הנוצרית. אנו חושבים שזה ראוי להערכה, אם כי זו בהחלט לא הגישה היחידה לשאלות היסודיות של זהות רוחנית ותכלית בחיים. המבקרים ישתמשו ברעיון הבסיסי של אמונים למנהיג יחיד בבדי לייצר אמונים למטרתם. במסגרת דת זו, יהיה שימוש רב בהזדהות עם ישו המשיח. התקווה וההבטחה לחזרתו לעולם מעניקים למבקרים שלכם הזדמנות מושלמת, במיוחד בנקודת מפנה זו במלניום הנוכחי.

ההבנה שלנו היא שישו האמיתי לא ישוב לעולם, שכן הוא עובד בשיתוף פעולה עם הבלתי נראים ומשרת גם את האנושות וגזעים אחרים. זה שיבוא לתבוע את שמו יבוא מקהילת היקום הגדולה. הוא יהיה אחד שנולד וטופח למטרה זו על ידי הקולקטיבים שנמצאים ביום בעולם. הוא ייראה אנושי ויהיו לו יבולות יוצאות דופן בהשוואה למה שאתם יבולים להשיג בשלב זה. הוא ייראה אציל נפש לחלוטין. הוא יוכל לבצע פעולות שיעוררו אצל אנשים פחד או הערצה. הוא יוכל להקרין תמונות של מלאכים, שדים או כל מה שהממונים עליו ירצו לחשוף בפניכם. יהיה נדמה שיש לו כוחות רוחניים. עם זאת הוא יבוא מקהילת היקום הגדולה, והוא יהיה שייך לקולקטיבים. והוא ייצר אמון על מנת שילבו בעקבותיו. בסופו של דבר, לאלה שלא יוכלו ללכת בעקבותיו, הוא יעודד את ניכורם או את השמדתם.

למבקרים לא אכפת כמה מאנשיכם יושמדו כל עוד יש בהם אמון בסיסי בקרב הרוב. לכן המבקרים יתמקדו באותם רעיונות בסיסיים המעניקים להם סמכות והשפעה זו.

שיבתו של המשיח, אם כן, נמצא בהכנה על ידי המבקרים שלכם. אנו מבינים שהעדויות לכך קיימות כבר בעולם. אנשים אינם מבינים את נוכחותם של המבקרים או את אופי המציאות בקהילת היקום הגדולה, ולכן הם באופן טבעי יאמצו את אמונותיהם הקודמות ללא עוררין, מתוך תחושה שהגיע הזמן לחזרתו הגדולה של מושיעם והמורה הרוחני שלהם. אבל מי שיבוא לא יבוא מצבא השמיים, הוא לא ייצג את הידיעה או את הבלתי נראים, והוא לא ייצג את הבורא או את רצון הבורא. ראינו את התוכנית הזאת בהתהוות בעולם. ראינו גם תוכניות דומות שבוצעו בעולמות אחרים.

במסורות דתיות אחרות, המבקרים יעודדו אחידות - מה שניתן לכנות סוג פונדמנטליסטי של דת המבוסס על העבר, המבוסס על אמונים לסמכות ומבוסס על התאמה לממסד. זה משרת את המבקרים. הם לא מתעניינים באידיאולוגיה ובערכים של המסורות הדתיות שלכם, רק בתועלת שלהם. ככל שאנשים יכולים לחשוב באחד, לפעול באחד ולהגיב בדרכים צפויות, כך הם מועילים לקולקטיבים. התאמה זו מקודמת במסורות רבות ושונות. הכוונה כאן היא לא להפוך את כולם לזהים אלא שיהיו פשוטים וברורים בפנימיותם.

בחלק אחד של העולם תנצח אידיאולוגיה דתית מסוימת; בחלק אחר של העולם תשרור אידיאולוגיה דתית אחרת. זה שימושי לחלוטין למבקרים שלכם, שכן לא אכפת להם שיש יותר מדת אחת כל עוד יש סדר, התאמה ואמונים. בלי שיש להם דת משלהם אחריה תוכלו לעקוב או איתה להזדהות, הם יעשו שימוש בשלכם בכדי לקדם את הערכים שלהם עצמם. שכן הם מעריכים אמונים מוחלטים רק למטרתם ולקולקטיבים שלהם ומבקשים את הנאמנות המוחלטת שלכם להשתתף איתם בדרכים שהם קובעים. הם יבטיחו לכם שהדבר ייצר שלום וגאולה בעולם והחזרת החזיון או הדמות הדתית בעלת החשיבות הגדולה ביותר כאן.

זה לא אומר שדתות פונדמנטליסטיות מנוהלות על ידי כוחות חייזרים, שכן אנו מבינים שדתות פונדמנטליסטיות התבססו היטב בעולמכם. מה שאנו אומרים כאן הוא שהדחפים לכך והמנגנונים לכך ייתמכו על ידי

המבקרים וישמשו את המטרות שלהם. לכן, יש להקפיד על אכפתיות רבה של כל המאמינים האמיתיים במסורותיהם כדי להבחין בהשפעות אלה ולהתנגד להן במידת האפשר. כאן זה לא האדם הממוצע בעולם שהמבקרים מבקשים לשכנע; זו המנהיגות.

המבקרים מאמינים באמונה שלמה שאם הם לא יתערבו בזמן, האנושות תשמיד את עצמה ואת העולם. זה לא מבוסס על אמת; זו רק הנחה. אף על פי שהאנושות נמצאת בסיכון להשמדה עצמית, זה לא בהכרח ייעודכם. אולם הקולקטיבים מאמינים בכך, ולכן עליהם לפעול בחיפזון ולתת דגש רב לתוכניות השכנוע שלהם. מי שיכול להשתכנע יוערך כמועיל; אלה שלא ניתן לשכנע יושלכו וינוכרו. אם המבקרים יתעצמו עד כדי השגת שליטה מוחלטת בעולם, אלה שלא יכולים להתאים להם פשוט יחוסלו. עם זאת, המבקרים לא יבצעו את החיסול. זה ייעשה באמצעות אותם אנשים בעולם שנפלו לגמרי תחת שכנועם.

אנו מבינים שזהו תרחיש נורא, אך אסור שתתבלבלו אם אכן מה שאנו מביעים במסרים שלנו אליכם מובן ומתקבל. לא מדובר בהשמדת האנושות, אלא שילובה של האנושות שהמבקרים מבקשים להשיג. הם יתרבו איתכם למטרה זו. הם ינסו להפנות את הדחפים והמוסדות הדתיים שלכם למטרה זו. הם יתבססו באופן חשאי בעולם למטרה זו. הם ישפיעו על ממשלות ומנהיגי הממשלות למטרה זו. הם ישפיעו על המעצמות הצבאיות בעולם למטרה זו. המבקרים בטוחים שהם יכולים להצליח, שכן עד כה הם רואים שהאנושות טרם הציבה התנגדות מספקת כדי להצר את צעדיהם או לבטל את סדר היום שלהם.

בכדי לפעול נגד העניין הזה, עליכם ללמוד את דרך קהילת היקום הגדולה יותר. כל גזע חופשי ביקום חייב ללמוד את דרך הידיעה הפנימית, לא משנה ביצד היא עשויה להיות מוגדרת בתרבויות שלהם. זהו המקור לחופש הפרט. זה מה שמאפשר ליחידים ולחברות להיות בעלי יושרה אמיתית ולחוות את החוכמה הנחוצה להתמודד עם ההשפעות המנוגדות לידיעה, הן בתוך עולמם והן בתוך קהילת היקום הגדולה. לכן יש ללמוד דרכים חדשות, מכיוון שאתם

נכנסים למצב חדש עם כוחות חדשים והשפעות חדשות. אכן, אין זה איזו התפתחות עתידית אלא אתגר מיידי. החיים ביקום לא מחכים למוכנות שלכם. האירועים יתרחשו בין אם אתם מוכנים ובין אם לא. הביקור יתרחש ללא הסכמתכם וללא אישורכם. וזכויות היסוד שלכם מופרות במידה הרבה יותר גדולה ממה שאתם עדיין מבינים.

משום כך, נשלחנו לא רק להציג את נקודת המבט שלנו ואת העידוד שלנו, אלא גם להשמיע קריאה, אזעקה, לעורר מודעות ומחויבות. אמרנו בעבר שאנחנו לא יכולים להציל את הגזע שלכם באמצעות התערבות צבאית. זה לא תפקידנו. וגם אם ננסה לעשות זאת ונגייס כוח לבצע תכנית כזאת, עולמכם ייהרס. אנחנו יכולים רק לייעץ.

אתם תראו בעתיד אכזריות של אמונות דתיות המתבטאת בדרכים אלימות, המיושמת נגד אנשים שאינם מתיישרים ומסכימים, בנגד מדינות בעלות פחות כוח, ובבלל תשמש בנשק להתקפה והרס. המבקרים לא צריכים יותר מאשר שמוסדות הדת שלכם ישלטו על האומות שלכם. לדבר הזה אתם חייבים להתנגד. המבקרים לא היו רוצים יותר מאשר שיהיו ערכים דתיים משותפים לכולם, מכיוון שזה מוסיף לכוח העבודה שלהם ומקל על המשימה שלהם. בבל הגילויים שלה, השפעה כזו מצטמצמת אל יסודות הכניעה - כניעה של רצון, כניעה של מטרה, כניעה של חיי הפרט ויכולותיו. עם זאת, הדבר יוברז כהישג גדול לאנושות, התקדמות גדולה לחברה, איחוד חדש של המין האנושי, תקווה חדשה לשלום ושלווה, ניצחון של רוח האדם על פני יצריו.

לפיכך אנו באים עם עצותינו ומעודדים אתכם להימנע מלהחליט החלטות לא חכמות, למסור את חייכם לדברים שאינכם מבינים ומלמסור את יכולת ההבחנה שלכם ואת שיקול הדעת שלכם לטובת כל פרס שהובטח לכם. ועלינו לעודד אתכם לא לבגוד בידיעה הפנימית בתוך עצמכם, בתבונה הרוחנית איתה נולדתם ואשר ברגע טומנת את ההבטחה היחידה והגדולה שלכם.

אולי כשאתם תשמעו את זה אתם תסתכלו על היקום במקום נטול חסד. אולי אתם תהפכו לציניים ומפוחדים, בחושבכם שתאוות בצע היא אוניברסלית. אבל לא על כך מדובר. מה שצריך עכשיו זה שתתחזקו, חזקים יותר ממה שהינכם, חזקים יותר ממה שהייתם. אל תקבלו בזרועות פתוחות תקשורת עם המתערבים והמשפיעים בעולמכם עד אשר יהיה לכם את הכוח לעמוד בזה. אל תפתחו את המחשבות והלב למבקרים מרחבי היקום, שכן הם מגיעים לכאן למטרות שלהם. אל תחשבו שהם יגשימו את הנבואות הדתיות שלכם או את האידיאלים הגדולים ביותר שלכם, מכיוון שזו אשליה.

יש כוחות רוחניים גדולים בקהילת היקום הגדולה - יחידים ואפילו עמים שהגיעו למצבים של הגשמה גבוהה מאוד, הרבה מעבר למה שהאנושות הפגינה עד כה. אבל הם לא כאלה שבאים להשתלט על עולמות אחרים. הם אינם נוהגים לייצג כוחות פוליטיים וכלכליים ביקום. הם אינם מעורבים במסחר מעבר למילוי הצרכים הבסיסיים שלהם. לעתים נדירות הם נוסעִים, למעט במצבי חירום.

שליחים נשלחים לעזור לאלה המגיחים לקהילת היקום הגדולה, שליחים כמונו. ויש גם שליחים רוחניים - אותו הכוח של הבלתי נראים, שיכולים לדבר אל מי שמוכנים לקבל אותם ומפגינים לב טוב והבטחה טובה. כך עובד אלוהים ביקום.

אתם נכנסים לסביבה חדשה וקשה. העולם שלכם חשוב מאוד לאחרים. תצטרכו להגן עליו. יהיה עליכם לשמר את המשאבים שלכם כך שלא תידַּרשו או תהיו תלויים בסחר שלכם עם מדינות אחרות בשביל הצרכים הבסיסיים בחייכם. אם לא תשמרו על המשאבים שלכם, תצטרכו לוותר על הרבה מהחופש שלכם והעצמאות שלכם.

הרוחניות שלכם חייבת להיות תקינה. היא חייבת להיות מבוססת על חוויה אמיתית, שכן ערכים ואמונות, טקסים ומסורות יכולים לשמש, ואבן משמשים, את המבקרים שלכם למטרותיהם שלהם.

באן תוכלו להתחיל לראות שהמבקרים שלכם פגיעים מאוד באזורים מסוימים. הבה נחקור זאת לעומק. ברמת הפרט, יש להם מעט מאוד רצון והם מתקשים להתמודד עם מורכבות. הם לא מבינים את הטבע הרוחני שלכם. והם בהחלט לא מבינים את הדחפים של הידיעה הפנימית. ככל שתהיו חזקים יותר בידיעה, אתם הופכים להיות יותר בלתי מוסברים, כך אתם קשים יותר לשליטה ופחות מועילים להם ולתכנית ההשתלבות שלהם. ברמת הפרט, ככל שתהיו חזקים יותר עם הידיעה, תהיו אתגר גדול יותר עבורם. ככל שיותר אנשים מתחזקים עם הידיעה, כך יהיה קשה יותר עבור המבקרים לבודד אותם.

למבקרים אין כוח פיזי. כוחם הוא בסביבה הנפשית ובשימוש בטכנולוגיות שלהם. המספרים שלהם קטנים בהשוואה לשלכם. הם סומכים לחלוטין על ההסכמה הכנועה שלכם, והם בטוחים יתר על המידה שהם יכולים להצליח. על בסיס ניסיונם עד כה, האנושות לא הפגינה התנגדות משמעותית. עם זאת, ככל שאתם חזקים יותר עם הידיעה, אתם הופכים לכוח שיודע להתנגד להתערבות ומניפולציות וכך אתם הופכים לכוח עבור חופש ויושרה לגזע שלכם.

למרות שאולי לא רבים יוכלו לשמוע את המסר שלנו, ההיענות שלכם חשובה. אולי קל לא להאמין בנוכחותנו ובמציאות שלנו ולהגיב בהתנגדות למסר שלנו, ובכל זאת אנו מדברים בהתאם לידיעה הפנימית. לכן, מה שאנו אומרים ניתן לדעת בתוככם, אם אתם חופשיים מספיק כדי לדעת זאת.

אנו מבינים שאנחנו מאתגרים אמונות ומוסכמות רבות בדברים שאנחנו מציגים. אפילו ההופעה שלנו במקרה הזה תיראה כבלתי מוסברת ותידחה על ידי רבים. עם זאת, המילים והמסר שלנו יכולים לדבר אליכם מכיוון שאנחנו מדברים עם הידיעה הפנימית. כוח האמת הוא הכוח הגדול ביותר ביקום. יש לו את הכוח לשחרר. יש לו את הכוח להאיר. ויש לו את התעצומות לתת כוח וביטחון לאלו הזקוקים לכך.

אומרים לנו שמצפון אנושי מוערך מאוד, אם כי לעיתים רחוקות הוא מיושם. על זה אנחנו מדברים כשאנחנו מדברים על דרך הידיעה הפנימית.

זה עומד בבסיס של כל הדחפים הרוחניים האמיתיים שלכם. זה כבר נמצא בדתות שלכם. זה לא חדש לכם. אך יש לתת לכך ערך, או שהמאמצים שלנו ומאמציהם של הבלתי נראים להכין את האנושות לקהילת היקום הגדולה לא יצליחו. מעטים מדי יגיבו. והאמת תהיה נטל עבורם, כי הם לא יוכלו לחלוק אותה ביעילות.

לכן אנו לא באים לבקר את המוסדות הדתיים או המוסכמות הדתיות שלכם, אלא רק להמחיש לכם כיצד ניתן להשתמש בהם נגדכם. אנחנו לא כאן כדי להחליף אותם או להכחיש אותם, אלא להראות כיצד היושרה האמיתית חייבת לחדור למוסדות והמוסכמות הללו כדי שהם יוכלו לשרת אתכם בדרך אמיתית.

בקהילת היקום הגדולה, הרוחניות מתגלמת במה שאנחנו מכנים הידיעה, ידיעה שמשמעותה תבונתה של הנשמה ותנועתה של הנשמה בתוככם. זה מאפשר לכם לדעת ולא רק להאמין. זה נותן לכם חסינות מפני שכנוע ומניפולציה, שכן את הידיעה לא ניתן לתמרן על ידי שום עוצמה או כוח גשמי. זה מעניק חיים לדתות שלכם ומעניק תקווה לייעודכם.

אנו נאמנים לרעיונות הללו, מכיוון שהם בסיסיים. עם זאת, הם נעדרים בקולקטיבים, ואם אתם נתקלים בקולקטיבים, או אפילו בנוכחותם, ויש לכם את הכוח לשמור על דעתכם העצמית, אתם תראו זאת בעצמכם.

אומרים לנו שיש הרבה אנשים בעולם שרוצים להסגיר את עצמם, למסור את עצמם לכוח גדול יותר בחיים. זה לא ייחודי לעולמה של האנושות, אך בקהילת היקום הגדולה גישה כזו מובילה לשעבוד. אנו מבינים שבעולם שלכם, לפני שהמבקרים היו כאן במספרים באלה, גישה כזו הובילה לעתים קרובות לשעבוד. אבל בקהילת היקום הגדולה אתם פגיעים יותר ועליכם להיות חכמים יותר, זהירים יותר ובעלי עצמאות רבה יותר. חוסר האחריות כאן מביא עימו מחיר כבד וחוסר מזל גדול.

אם אתם יכולים להיענות לידיעה וללמוד את דרך קהילת היקום הגדולה יותר של ידיעה פנימית, תוכלו לראות את הדברים האלה בעצמכם. אז תאשרו את דברינו ולא רק תידרשו להאמין להם או להכחיש אותם. הבורא

מאפשר זאת, שכן רצון הבורא שהאנושות תתבונן לעתידה. זו הסיבה שהגענו. זו הסיבה שאנו צופים במה שאנו רואים, וכעת יש לנו הזדמנות לדווח על כך.

המסורות הדתיות של העולם מעידות עליכם באופן חיובי בתורתם החיונית. הייתה לנו ההזדמנות ללמוד עליהם מהבלתי נראים. אבל הם גם מייצגים חולשה פוטנציאלית. אם האנושות הייתה ערנית יותר והייתה מבינה את מציאות החיים בקהילת היקום הגדולה יותר ואת המשמעות של ביקור המתרחש בטרם עת, הסיכונים שלכם לא היו גדולים כל כך כפי שהם כיום. ישנם כעת תקוות וציפיות שביקור כזה יביא תועלת רבה ויהווה הגשמה כלשהי עבורכם. יחד עם זאת לא הצלחתם ללמוד על מציאות קהילת היקום הגדולה יותר או על הכוחות העוצמתיים שמתעסקים עם עולמכם. חוסר ההבנה והאמון המוקדם הזה במבקרים אינם משרתים אתכם.

מסיבה זו החכמים בבל קהילת היקום הגדולה יותר נשארים מוסתרים. הם אינם מחפשים לסחור בקהילת היקום הגדולה יותר. הם לא מבקשים להיות חלק מאגודות או קואופרטיבים למסחר. הם לא מחפשים דיפלומטיה עם עולמות רבים. קשרי האמון שלהם מסתורית יותר, רוחנית יותר באופייה. הם מבינים את הסיכונים והקשיים בחשיפה למציאות החיים ביקום הפיזי. הם שומרים על בידודם, והם שומרים היטב על הגבולות שלהם. הם רק מבקשים להגדיל את חכמתם באמצעים שהם באופיים פחות פיזיים.

אולי בעולם שלכם עצמו תוכלו לראות איך זה בא לידי ביטוי באנשים החכמים, המחוננים ביותר, שאינם מחפשים יתרון אישי באמצעות אפיקים מסחריים ואינם ניתנים לכיבוש ותמרון. העולם שלכם מלמד אתכם כל כך הרבה. ההיסטוריה שלכם עצמכם מלמדת אתכם וממחישה לכם מאוד, אם כי בקנה מידה קטן יותר, את כל מה שאנחנו מציגים לכם כאן כעת.

לפיכך, כוונתנו לא רק להזהיר אתכם מחומרת מצבכם אלא לספק לכם, אם נוכל, תפיסה גדולה יותר והבנה גדולה יותר של החיים, שתזדקקו להם. ואנחנו סומכים על כך שיהיו מספיק שיוכלו לשמוע את המילים האלה ולהיענות לגדולה של הידיעה הפנימית. אנו מקווים שיהיו באלו שיוכלו

להכיר בכך שהמסרים שלנו אינם כאן כדי לעורר פחד ובהלה, אלא ליצור אחריות ומחויבות לשמירה על החופש ועל הטוב בעולמכם.

אם האנושות תיכשל בהתנגדות להתערבות, אנו מסוגלים לצייר תמונה של משמעות הדבר. ראינו את זה במקומות אחרים, שכן כל אחד מאיתנו התקרב לכך מאוד, בעולמות שלנו. בהיותו חלק מקולקטיב, כדור הארץ יעבור כרייה של משאביו, אנשיו יותאמו לעבודה והמורדים והכופרים שלו יורחקו או יושמדו. העולם יישמר בגלל החקלאות שלו ואינטרסי הכרייה שלו. חברות אנושיות יתקיימו, אך רק בכפיפות לכוחות שמעבר לעולמכם. ואם העולם ימצה את התועלת שלו, אם ירוקנו לחלוטין את המשאבים שלו, אז תישארו מרוששים. החיים התומכים בעולמכם יילקחו מכם; יגזלו את עצם אמצעי ההישרדות שלכם. זה קרה בעבר במקומות רבים אחרים.

במקרה של עולם זה, הקולקטיבים עשויים לבחור לשמור על העולם לשימוש שוטף כבסיס אסטרטגי וכמחסן ביולוגי. עם זאת אוכלוסיית האדם תסבול מאוד תחת שלטון מעיק שכזה. אוכלוסיית האנושות תצומצם. ניהול האנושות יינתן למי שהם טיפחו כדי להוביל את המין האנושי בסדר החדש. חופש אנושי, כפי שאתם מכירים אותו, כבר לא יהיה קיים, ותאלצו לסבול תחת עול של שלטון זר, שלטון שיהיה נוקשה ותובעני.

יש קולקטיבים רבים בקהילת היקום הגדולה. חלקם גדולים; חלקם קטנים. חלקם ערכיים יותר בטקטיקות שלהם; רבים אינם כך. בכל שהם מתחרים זה בזה על הזדמנויות, כגון השלטון על עולמכם, ניתן לנקוט בפעולות מסוכנות. עלינו להמחיש זאת על מנת שלא יהיה לכם ספק מה אנו אומרים. הבחירות שלפניכם מוגבלות מאוד, אך מהותיות עד מאוד.

לכן, עליכם להבין שמבחינת המבקרים שלכם כולכם שבטים שצריך לנהל ולפקח על מנת לשרת את האינטרסים של המבקרים. לשם כך יישמרו הדתות שלכם ודרגה מסוימת של המציאות החברתית שלכם. אבל תאבדו הרבה. והרבה יאבד לפני שתבינו מה נלקח מכם. לכן, אנו יכולים רק לדגול בערנות, באחריות ובמחויבות ללמוד – ללמוד על החיים בקהילת היקום הגדולה יותר, ללמוד כיצד לשמור על התרבות שלכם ועל המציאות שלכם

בתוך סביבה גדולה יותר וללמוד כיצד לראות מי כאן כדי לשרת אתכם ולהבדיל אותם מאלו שאינם. הבחנה רבה יותר זו נחוצה כל כך בעולם, אפילו לפיתרון הקשיים שלכם. אבל לגבי הישרדותכם ורווחתכם בקהילת היקום הגדולה יותר, זה חיוני לחלוטין.

לכן אנו ממליצים לכם לאזור אומץ. יש לנו עוד מה לחלוק איתכם.

תקציר חמישי

סף: הבטחה חדשה עבור האנושות

כדי להתבונן לנוכחות הזרה הנמצאת בעולם, יש לדעת יותר על החיים בקהילת היקום הגדולה, חיים אשר יקיפו את עולמכם בעתיד, חיים שתהיו חלק מהם.

הגורל של האנושות היה תמיד להגיח לקהילת היקום הגדולה יותר של חיים תבוניים. זה בלתי נמנע ומתרחש בכל העולמות שבהם חיים תבוניים נזרעו והתפתחו. בסופו של דבר, הייתם מבינים שאתם חיים בתוך קהילת היקום הגדולה יותר. ובסופו של דבר, הייתם מגלים שאינכם לבד בעולמכם, וכי כבר התרחש ביקור וכי תצטרכו ללמוד להתמודד עם גזעים, כוחות, אמונות וגישות שונות הרווחות בקהילת היקום הגדולה בה אתם חיים.

הגיחה לקהילת היקום הגדולה היא גורלכם. הבידוד שלכם בעת הסתיים. אף על פי שבעולמכם היו ביקורים פעמים רבות בעבר, מצבכם המבודד הגיע לסיומו. עכשיו אתם צריכים להבין שאתם כבר לא לבד ביקום או אפילו בעולם שלכם. הבנה זו מוצגת באופן מלא יותר בהוראה הרוחנית של קהילה היקום הגדולה יותר המוצגת ביום בעולם. תפקידנו כאן הוא לתאר את החיים כפי שהם קיימים בקהילת היקום הגדולה, כך שתוכלו לקבל הבנה עמוקה יותר של הפנורמה

הגדולה של חיים אליהם אתם מגיחים. זה הכרחי כדי שתוכלו לגשת למציאות חדשה זו באובייקטיביות, בהבנה ובחוכמה רבה יותר. האנושות חיה בבידוד יחסי כל כך הרבה זמן עד כי טבעי שתחשבו ששאר היקום מתפקד על פי הרעיונות, העקרונות והמדע שאתם מקדשים, ועליהם אתם מבססים את המעשים שלכם והתפיסה שלכם את העולם.

קהילת היקום הגדולה היא עצומה. המרחקים המרוחקים ביותר שלה מעולם לא נחקרו. זה גדול יותר מכפי שכל גזע מסוגל להבין. בתוך בריאה מפוארת זו, חיים תבוניים קיימים בכל רמות האבולוציה ובאינספור ביטויים. עולמכם קיים באזור של קהילת היקום הגדולה המיושב למדי. ישנם אזורים רבים בקהילת היקום הגדולה שמעולם לא נחקרו ואזורים אחרים בהם גזעים חיים בסתר. הכל קיים בקהילת היקום הגדולה מבחינת ביטויי החיים. ואף על פי שהחיים כפי שתיארנו נראים קשים ומאתגרים, הבורא עובד בכל מקום ומשיב את המתקיימים בעולם הפירוד באמצעות הידיעה הפנימית.

בקהילת היקום הרחבה לא יכולה להיות דת אחת, אידיאולוגיה אחת או צורת ממשל אחת שניתן להתאים אותה לכל הגזעים ולכל האומות. לכן, כשאנחנו מדברים על דת, אנו מדברים על הרוחניות של הידיעה הפנימית, שכן זהו כוחה ונוכחותה של הידיעה השוכנת בכל החיים התבוניים – בתוככם, בתוך המבקרים שלכם ובתוך גזעים אחרים שתיתקלו בהם בעתיד.

לפיכך, הרוחניות האוניברסלית הופכת לנקודה מרכזית ביותר. היא מאגדת את ההבנות והרעיונות השונים השכיחים בעולמכם ומקנה למציאות הרוחנית שלכם בסיס משותף. עם זאת, חקר הידיעה אינו רק מרוֹמם, הוא חיוני להישרדות ולהתקדמות בקהילת היקום הגדולה. כדי שתוכלו לבסס ולקיים את החופש והעצמאות שלכם בקהילת היקום הגדולה, צריך שתהיה לכם יכולת גדולה יותר זו שתתפתח בקרב מספיק אנשים בעולמכם. הידיעה היא החלק היחיד בכם שלא ניתן לתמרן או להשפיע עליו. זהו המקור לכל הבנה ועשייה נבונה. זה הופך להיות הכרחי בסביבה של קהילת היקום הגדולה יותר אם מעריכים את החופש ואם ברצונכם לבסס את הייעוד שלכם מבלי שישלבו אתכם בקולקטיב או חברה כלשהי אחרת.

לכן, בזמן שאנו מציגים מצב חמור בעולם כיום, אנו מציגים גם מתנה גדולה והבטחה גדולה לאנושות, שכן הבורא לא ישאיר אתכם חסרי הכנה לקהילת היקום הגדולה, שהיא הגדולה ביותר מבין כל המפתנים שאתם כגזע איתו תתמודדו. בורכנו גם אנחנו במתנה זו. היא היתה ברשותנו במשך הרבה מאות שנים שלכם. היינו צריכים ללמוד אותה גם מתוך בחירה וגם מתוך צורך.

אכן, נוכחותה וכוחה של הידיעה הם המאפשרים לנו לדבר כבני בריתכם ולספק את המידע שאנו נותנים בשיחות אלו. אם מעולם לא היינו מוצאים את ההתגלות הגדולה הזו, היינו מבודדים בעולמנו שלנו, בלי יכולת להבין את הכוחות הגדולים יותר ביקום שיעצבו את עתידנו ואת גורלנו. כי המתנה הניתנת בעולמכם כיום ניתנה לנו ולגזעים רבים אחרים שהראו הבטחה. מתנה זו חשובה במיוחד לגזעים מגיחים כמו שלכם בעלי הבטחה בזו ואשר בכל זאת פגיעים כל כך בקהילת היקום הגדולה.

לכן, אף שלא יכולה להיות ביקום דת או אידיאולוגיה אחת, ישנו עיקרון אוניברסאלי, הבנה ומציאות רוחנית העומדת לרשות כולם. היא כל כך שלמה שהיא יכולה לדבר עם אלה ששונים מכם באופן משמעותי. היא מדברת למגוון החיים על כל ביטוייו. לכם, החיים בתוך עולמכם, יש עכשיו את ההזדמנות ללמוד על מציאות גדולה מעין זו, לחוות את כוחה וחוסנה לעצמכם. אכן, בסופו של דבר זו המתנה הזו שאותה אנו מבקשים לחזק, שכן הדבר ישמור על חירותכם וההגדרה העצמית שלכם ויפתח את הדלת להבטחה גדולה יותר ביקום.

עם זאת, יש לכם מצוקה גדולה ואתגר גדול כבר בתחילת הדרך. זה מחייב אתכם ללמוד על ידיעה עמוקה יותר ומודעות גדולה יותר. אם תַּעֲנו לאתגר הזה, אתם מזכים לא רק את עצמכם, אלא גם את הגזע שלכם כולו.

ההוראה של רוחניות קהילת היקום הגדולה יותר מוצגת כיום בעולם. זה מעולם לא הוצג כאן לפני כן. היא ניתנת באמצעות אדם אחד המשמש במתווך וכדובר למסורת זו. היא נשלחת לעולם בזמן הקריטי הזה בו האנושות צריכה ללמוד על חייה בקהילת היקום הרחבה ועל הכוחות הגדולים

יותר המעצבים את העולם כיום. רק הוראה והבנה שמקורה מעבר לעולם תוכל להעניק לכם יתרון זה והכנה זו.

אתם לא לבד בביצוע משימה כל כך גדולה, שכן ישנם אחרים ביקום שעושים זאת, אפילו בשלב ההתפתחות שלכם. אתם רק אחד מגזעים רבים המגיחים לקהילת היקום הגדולה בזמן זה. כל אחד מהם מבטיח ובבל זאת כל אחד חשוף להשפעות, לקשיים ולאתגרים הקיימים בסביבה גדולה יותר זו. אכן, גזעים רבים איבדו את חירותם לפני שאי פעם הושגה, רק כדי להפוך לחלק מקולקטיבים או אגודות מסחריות או מדינות חסות למעצמות גדולות יותר.

אנו לא רוצים לראות את זה קורה לאנושות, שכן זה יהיה הפסד גדול. מסיבה זו אנו כאן. מסיבה זו הבורא פועל בעולם כיום ומביא הבנה חדשה למשפחה האנושית. הגיע הזמן שהאנושות תסיים את העימותים הבלתי פוסקים שלה עם עצמה ותתכונן לחיים בקהילת היקום הגדולה.

אתם גרים באזור שיש בו פעילות רבה מעבר לתחום מערכת השמש הזעירה שלכם. באזור זה מתנהל סחר לאורך אפיקים מסוימים. עולמות מתקשרים, מתחרים ולעיתים מתנגשים זה עם זה. כל מי שיש להם אינטרסים מסחריים מחפש הזדמנויות. הם מחפשים לא רק משאבים אלא גם נאמנויות מעולמות כמו שלכם. חלקם הם חלק מקולקטיבים גדולים יותר. אחרים מקיימים בריתות משלהם בהיקף קטן בהרבה. עולמות שמצליחים להגיח בצורה טובה לקהילת היקום הגדולה נאלצו לשמור על האוטונומיה והעצמאות שלהם במידה רבה מאוד. זה מגן עליהם מפני חשיפה לבוחות אחרים שרק יחתרו לניצולם ולתימרון שלהם.

אכן העצמאות שלכם ופיתוח ההבנה והאחדות שלכם הם שהופכים חיוניים ביותר לרווחתכם בעתיד. והעתיד הזה לא רחוק, שכן כבר עכשיו ההשפעה של המבקרים הולכת וגוברת בעולמכם. אנשים רבים נרתמו אליהם ובעת משמשים כשליחים ומתווכים שלהם. אנשים רבים אחרים פשוט משמשים משאבים לתוכנית הגנטית שלהם. זה קרה, כאמור, פעמים רבות

במקומות רבים. זה לא תעלומה עבורנו אם כי זה בטח נראה לכם בלתי נתפש.

ההתערבות היא גם חוסר מזל וגם הזדמנות חיונית. אם אתם מסוגלים להיענות, אם אתם מסוגלים להתכונן, אם אתם מסוגלים ללמוד את הידיעה של קהילת היקום הגדולה יותר וחוכמתה, אתם תוכלו לסכל את הכוחות שמתערבים בעולמכם ולבנות את הבסיס לאחדות גדולה יותר בין האומות והשבטים שלכם. אנו כמובן מעודדים זאת, מכיוון שזה מחזק את הקשר עם הידיעה ברחבי תבל.

בקהילת היקום הגדולה יותר מתרחשת לעיתים רחוקות לוחמה בקנה מידה גדול. ישנם כוחות מרסנים. ראשית, לוחמה מפריעה למסחר ופיתוח משאבים. כתוצאה מכך, מדינות גדולות אינן מורשות לפעול בפזיזות, מכיוון שהיא פוגעת או מסכלת את מטרותיהם של בעלי עניין אחרים, מדינות אחרות ואינטרסים אחרים. מלחמת אזרחים מתרחשת מדי פעם בקרב עולמות, אך לוחמה רחבת היקף בין חברות ובין עולמות היא אבן נדירה. זה חלק מהסיבה שמבססים מיומנויות בסביבה הנפשית, שכן מדינות אכן מתחרות זו בזו ומנסות להשפיע זו על זו. מכיוון שאיש אינו מעוניין להשמיד משאבים והזדמנויות, מיומנויות ויכולות גדולות מסוג זה מעובדות בדרגות שונות של הצלחה בקרב חברות רבות בקהילת היקום הגדולה. כאשר קיימות השפעות מהסוג הזה, הצורך בידיעה פנימית גדול עוד יותר.

האנושות אינה מוכנה לכל זה. ובכל זאת, בגלל המורשת הרוחנית העשירה שלכם והמידה בה קיים חופש אישי בעולמכם ביום, יש הבטחה שתוכלו להתקדם בהבנה רבה יותר זו ובכך להבטיח את החופש שלכם ולשמור עליו.

יש ריסונים אחרים נגד לוחמה בקהילת היקום הגדולה. מרבית חברות הסחר שייכות לגילדות גדולות שקבעו חוקים וקודים של התנהגות עבור חבריהם. חוקים אלה משמשים להגבלת פעילותם של רבים אשר יבקשו להשתמש בכוח כדי לקבל גישה לעולמות ולמשאבי הקניין האפשריים שלהם. בבדי שלוחמה תפרוץ בהיקף גדול, גזעים רבים יצטרכו להיות

מעורבים, וזה אכן לא קורה לעיתים קרובות. אנו מבינים כי האנושות היא מאוד מלחמתית ומפרשת סיכסוך בקהילת היקום הגדולה במונחים של לוחמה, אך במציאות תגלו כי זה אינו מתקבל היטב, ושמשתמשים באפיקים אחרים של השפעה ושכנוע במקום לוחמה וכוח.

משום כך, המבקרים שלכם מגיעים לעולמכם ללא חימוש אדיר. הם לא באים עם כוחות צבא גדולים, מכיוון שהם מפעילים את הכישורים ששירתו אותם בדרכים אחרות – כישורים בתמרון המחשבות, הדחפים והרגשות של מי שאיתם הם נתקלים. האנושות פגיעה מאוד לשכנוע שכזה בהתחשב במידת האמונות הטפלות, הסכסוכים וחוסר האמון שרווחים בזמן זה בעולמכם.

לכן, כדי להבין את המבקרים שלכם ולהבין אחרים שאיתם תפגשו בעתיד, עליכם לבסס גישה בוגרת יותר לשימוש בכוח והשפעה. זהו חלק חיוני מההשכלה אודות קהילת היקום הגדולה שלכם. חלק מההבנה לכך תינתן בהוראה של רוחניות קהילת היקום הגדולה יותר, אך עליכם ללמוד גם דרך התנסות ישירה.

נכון לעכשיו, לפי הבנתנו, יש הסתכלות דמיונית ביותר על קהילת היקום הגדולה בקרב הרבה אנשים. ההנחה היא כי אותם אלו המתקדמים מבחינה טכנולוגית הם גם מתקדמים מבחינה רוחנית, ובכל זאת אנו יכולים להבטיח לכם כי לא כך פני הדברים. אתם עצמכם, אם כי יותר מתקדמים מבחינה טכנולוגית מכפי שהייתם בעבר, לא בהכרח התקדמתם מבחינה רוחנית במידה רבה כל כך. יש לכם יותר כוח, אבל עם כוח מגיע הצורך בריסון רב יותר.

יש באלה בקהילת היקום הגדולה שיש להם הרבה יותר מכם ברמה הטכנולוגית ואפילו ברמת המחשבה. אתם אכן תתפתחו על מנת להתמודד איתם, אך כלי נשק לא יהיה המוקד שלכם. משום שלוחמה בסדר גודל בין כוכבי היא כה הרסנית שכולם מפסידים. מה הרווח שבסכסוך מסוג זה? אילו יתרונות היא מבטיחה? אכן, באשר קיים סכסוך שכזה, הוא מתרחש בחלל עצמו ולעיתים רחוקות באזורים יבשתיים. מדינות סוררות ואלה שהן

הרסניות ואגרסיביות נתקלות בהתנגדות מהירה, במיוחד אם הן קיימות באזורים מאוכלסים היטב בהם מתנהל מסחר.

לכן, עליכם להבין את אופי הסכסוכים ביקום מכיוון שהדבר ייתן לכם תובנה לגבי המבקרים וצרכיהם – מדוע הם פועלים כפי שהם פועלים, מדוע חופש הפרט אינו מצוי בקרבם ומדוע הם סומכים על קולקטיבים. זה מעניק להם יציבות וכוח, אך זה גם הופך אותם לפגיעים בפני אנשים המיומנים בידיעה הפנימית.

הידיעה מאפשרת לכם לחשוב בהרבה דרכים שונות, לפעול באופן ספונטני, לתפוס את המציאות מעבר למובן מאליו ולחוות את העתיד וגם את העבר. יכולות כאלה הן מעבר להישג ידם של אלה שיכולים רק לעקוב אחר הנחיות ותכתיבים מהתרבות שלהם. אתם נמצאים הרחק מאחורי המבקרים מבחינה טכנולוגית, אך יש לכם את ההבטחה לפתח מיומנויות בדרך הידיעה הפנימית, כישורים שתזדקקו להם ותצטרכו ללמוד לסמוך עליהם יותר ויותר.

לא היינו בעלי הברית של האנושות אם לא היינו בוחרים ללמד אתכם על החיים בקהילת היקום הגדולה. ראינו הרבה. נתקלנו בהרבה דברים שונים. העולמות שלנו התגברו והיינו צריכים להשיב את החופש שלנו. אנו יודעים, מטעויות ומניסיון, את אופי הקונפליקט ואת האתגר העומד בפניכם היום. לכן אנו מתאימים היטב למשימה זו בשירותנו עבורכם. עם זאת, לא תפגשו אותנו, ולא נבוא לפגוש את מנהיגי האומות שלכם. זו לא מטרתנו.

אכן, אתם זקוקים להתערבות קטנה בכל האפשר, אך אתם זקוקים לעזרה רבה. יש כישורים חדשים שעליכם לפתח והבנה חדשה שעליכם לרכוש. אפילו קבוצה מיטיבה, אם תבוא לעולמכם, הייתה בעלת השפעה כזו ורושם כזה עליכם, עד שהייתם תלויים בהם ולא הייתם מבססים את עצמכם, את כוחכם ואת עצמאותכם. הייתם סומכים כל כך על הטכנולוגיה שלהם ועל ההבנה שלהם שהם לא היו יכולים לעזוב אתכם. ואכן, הֲגעתֶם לכאן תגרום לכם להיות פגיעים עוד יותר להתערבות בעתיד. שכן הייתם חושקים בטכנולוגיה שלהם, והייתם רוצים להתנייע לאורכם של מסדרונות המסחר

בקהילת היקום הגדולה. אך בכל זאת עדיין לא הייתם מספיק מוכנים, ועדיין לא הייתם מספיק חכמים.

זו הסיבה שהידידים בעתיד שלכם אינם כאן. זו הסיבה שהם לא באים לעזור לכם. כי לא הייתם מתחזקים אם זה היה קורה. הייתם רוצים להתחבר אליהם, הייתם רוצים לפתח בריתות איתם, אבל הייתם כל כך חלשים שלא הייתם יכולים להגן על עצמכם. במהות, הייתם הופכים לחלק מהתרבות שלהם, שאת זה הם לא רוצים.

אולי אנשים רבים לא יוכלו להבין את מה שאנחנו אומרים כאן, אבל עם הזמן זה יהיה מאוד הגיוני עבורכם, ותראו את החכמה ואת הנחיצות שבדבר. ברגע זה אתם שבריריים מדי, מוסחים מדי ומסוכסכים מכדי ליצור בריתות חזקות, אפילו עם אלה שיכולים להיות ידידים בעתיד שלכם. האנושות עדיין לא יכולה לדבר בקול אחד, ולכן אתם מועדים להתערבות ולמניפולציות שמקורן מעבר לעולם.

ככל שהמציאות של קהילת היקום הגדולה תהפך יותר ויותר נחלת הכלל בעולמכם, ואם המסר שלנו יוכל להגיע למספר מספיק של אנשים, תהיה הסכמה הולכת וגוברת שיש בעיה גדולה יותר בפני האנושות. זה יכול ליצור בסיס חדש לשיתוף פעולה וקונצנזוס. איזה יתרון אפשרי יכול להיות למדינה אחת בעולמכם על פני אחרת באשר העולם כולו מאוים על ידי ההתערבות? ומי יכול לשאוף להשיג כוח עצמי בסביבה בה מתערבים כוחות חייזריים? אם החופש אמור להיות אמיתי בעולמכם, עליו להיות משותף. עליו להיות מוכר וידוע. זו לא יכולה להיות הזכות של מעטים אחרת לא יהיה כאן כוח אמיתי.

אנו מבינים מהבלתי נראים, כי ישנם כבר אנשים שמחפשים שליטה עולמית מכיוון שהם מאמינים שיש להם ברכות ותמיכה של המבקרים. יש להם את ההבטחה של המבקרים שיסייעו להם בשאיפה לכוח. ובכל זאת, מה הם מוסרים מלבד המפתחות לחופש שלהם ולחירות העולם שלהם עצמם? הם חסרי ידיעה וחסרי תבונה. הם אינם יכולים להבחין בטעות שלהם.

אנו גם מבינים שיש המאמינים שהמבקרים מגיעים לכאן כדי לייצג התעוררות רוחנית ותקווה חדשה לאנושות, אבל איך הם יכולים לדעת, הם שאינם יודעים דבר על קהילת היקום הגדולה? זו תקוותם ורצונם שכך יהיה, ומשאלות מסוג זה מקדמים האורחים, מסיבות ברורות למדי.

מה שאנו אומרים כאן הוא שלא יכול להיות אלא חופש אמיתי, כוח אמיתי ואחדות אמיתית בעולם. אנו מעמידים את המסר שלנו לכולם, ואנחנו בוטחים בכך שניתן לקבל את דברינו ולשקול אותם ברצינות. עם כל זאת אין לנו שליטה על תגובתכם. והאמונות הטפלות ופחדי העולם עשויים להפוך את המסר שלנו לכזה שהוא מעבר להישג ידם של רבים. אבל ההבטחה עדיין קיימת. כדי להעניק לכם יותר, נצטרך להשתלט על עולמכם, מה שאנחנו לא מוכנים לעשות. לכן אנו נותנים את כל מה שאנחנו יכולים לתת בלי להתערב בענייניכם. עם זאת ישנם רבים הרוצים התערבות. הם רוצים שיחלצו אותם או להינצל על ידי מישהו אחר. הם לא סומכים על האפשרויות הקיימות לאנושות. הם לא מאמינים בחוזקות וביכולות המובנות של האנושות. הם יוותרו על חירותם ברצון. הם יאמינו למה שאומרים להם המבקרים. והם ישמשו את אדוניהם החדשים, מתוך מחשבה שמה שהם מקבלים זה השחרור העצמי שלהם.

חופש הוא דבר יקר בקהילת היקום הגדולה. לעולם אל תשכחו את זה. החופש שלכם, החופש שלנו. ומה זה חופש אם לא היכולת לעקוב אחר הידיעה הפנימית, המציאות שהעניק לכם הבורא, ולהביע את הידיעה ולתרום את הידיעה בכל גילוייה?

למבקרים שלכם אין את החופש הזה. זה לא ידוע להם. הם מסתכלים על הכאוס של עולמכם, והם מאמינים שהסדר שהם יכפו כאן יגאל אתכם ויחסוך מכם את ההרס העצמי שלכם. זה כל מה שהם יכולים לתת, כי זה כל מה שיש להם. והם ישתמשו בכם, אך הם אינם רואים זאת כבלתי הולם, שכן הם עצמם מנוצלים ומשמשים אחרים ואינם מכירים שום אלטרנטיבה לכך. התִיכנוּת שלהם, ההתניה שלהם, היא כל כך יסודית שלהגיע אליהם ברמת הרוחניות העמוקה שלהם היא אפשרות רחוקה בלבד. אין לכם את הכוח לעשות זאת.

הייתם צריכים להיות הרבה יותר חזקים מכפי שאתם מסוגלים להיות היום על מנת להשפיע על המבקרים שלכם. ובכל זאת, הקונפורמיות שלהם אינה כה חריגה בקהילת היקום הגדולה. זה נפוץ מאוד בקולקטיבים גדולים, שבהם אחידות והתאמה חיוניים לתפקוד יעיל, במיוחד באזורים גדולים בחלל.

לכן אל תסתכלו על קהילת היקום הגדולה בפחד, אלא באובייקטיביות. התנאים שאנו מתארים מתקיימים כבר בעולמכם. אתם יכולים להבין את הדברים הללו. מניפולציה ידועה לכם. השפעה ידועה לכם. מעולם לא נתקלתם בה בקנה מידה כה גדול, ואף פעם לא הייתם צריכים להתמודד עם צורות אחרות של חיים תבוניים. כתוצאה מכך, אין לכם עדיין את הכישורים לעשות זאת.

אנו מדברים על הידיעה הפנימית כי זו היכולת הגדולה ביותר שלכם. בלי קשר לאיזו טכנולוגיה תוכלו לפתח לאורך זמן, הידיעה הפנימית היא ההבטחה הגדולה ביותר שלכם. אתם מאות שנים אחרי המבקרים בהתפתחות הטכנולוגית שלכם, ולכן עליכם לסמוך על הידיעה הפנימית. זהו הכוח הגדול ביותר ביקום, והמבקרים שלכם לא משתמשים בו. זו התקווה היחידה שלכם. זו הסיבה שההוראה ברוחניות של קהילת היקום הגדולה יותר מלמדת את דרך הידיעה הפנימית, מספקת את המדרגות לידיעה הפנימית ומלמדת חכמה ותובנה של קהילת היקום הגדולה. ללא הכנה זו, לא תהיה לכם המיומנות או נקודת המבט להבין את הדילמה שלכם או להגיב אליה ביעילות. זה גדול מדי. זה חדש מדי. ואתם לא מותאמים לנסיבות החדשות האלה.

השפעת המבקרים גוברת עם כל יום שעובר. כל אדם שיכול לשמוע את זה, להרגיש את זה ולדעת את זה צריך ללמוד את דרך הידיעה הפנימית, את דרך קהילת היקום הגדולה יותר. זו השליחות. זו המתנה. זה האתגר.

ובכן, בנסיבות נעימות יותר, ייתכן שהצורך לא היה נראה גדול כל כך. אבל הצורך הוא אדיר, כי אין ביטחון, אין מקום שניתן להסתתר, אין בעולם בריחה בטוחה מהנוכחות הזרה שנמצאת כאן. זו הסיבה שיש רק שתי אפשרויות: אתם יכולים להיכנע או שאתם יכולים להאבק על החופש שלכם.

זו ההחלטה הגדולה אשר מונחת לפתחו של כל אחד. זו נקודת המפנה הגדולה. אתם לא יכולים להיות קלי דעת בקהילת היקום הגדולה. מדובר בסביבה תובענית מדי. זה דורש מצוינות, מחויבות. העולם שלכם חשוב מדי. המשאבים כאן נחשקים על ידי אחרים. מעמדו האסטרטגי של עולמכם נחשב מאוד. אפילו אם הייתם גרים באיזשהו עולם מרוחק הרחק מכל מסלול סחר, רחוק מכל ההתקשרויות המסחריות, בסופו של דבר הייתם מתגלים על ידי מישהו. התרחיש הזה מתקיים עבורכם בעת. והוא כבר בעיצומו.

אזי קחו זאת לתשומת ליבכם. זהו זמן לאומץ, לא לשניות ולהיסוס. חומרת המצב העומדת בפניכם רק מאששת את חשיבות חייכם ואת חשיבות היעונות שלכם ואת חשיבות ההכנה הניתנת בעולם כיום. זה לא רק לצורך השבלתכם וההאדרה שלכם. זה גם להגנתכם, וזה גם לצורך ההישרדות שלכם.

שאלות ותשובות

בהתחשב במידע שמסרנו עד כה, אנו חשים כי חשוב להשיב לשאלות אשר בוודאי צריכות להתעורר בנוגע למציאות שלנו ומשמעות המסרים אשר הגענו להעביר.

◆

"בהיעדר הוכחות מוצקות, מדוע שאנשים יאמינו למה שאתם אומרים להם על ההתערבות?"

ראשית, חייב להיות ראיות לרוב הנוגעות לביקור בעולמכם. דווח לנו שזה המצב. עם זאת, נאמר לנו על ידי הבלתי נראים שאנשים לא יודעים להבין את הראיות וכי הם נותנים להם משמעויות משלהם - משמעויות שהם מעדיפים לתת להם, משמעויות המספקות לרוב נחמה והרגעה. אנו בטוחים כי ישנן ראיות מספיקות כדי לאמת שההתערבות מתרחשת כיום בעולם אם מישהו לוקח את הזמן להסתכל ולחקור עניין זה. העובדה שממשלותיכם או מנהיגי הדת שלכם לא חושפים דברים כאלה אין פירושה שאירוע כה גדול לא מתרחש בקרבכם.

◆

"איך אנשים יכולים לדעת שאתם אמיתיים?"

לגבי המציאות שלנו, איננו יכולים לחשוף את נוכחותנו הפיזית בפניכם, ולכן עליכם להבחין במשמעות וחשיבות דברינו בלבד. בשלב זה, זה לא רק עניין של אמונה. זה דורש הכרה גדולה יותר, ידיעה, תהודה. אנו מאמינים שהדברים שאנו מוסרים הם נכונים, אך אין זה מבטיח כי ניתן לקבלם כבאלה. איננו יכולים לשלוט בתגובה למסר שלנו. ישנם אנשים שדורשים ראיות רבות יותר ממה שניתן לספק. עבור אנשים אחרים, ראיות כאלה לא יהיו נחוצות, שכן הם ירגישו אישור פנימי.

בינתיים, יתכן ואנחנו נשארים נתונים למחלוקת, אך בכל זאת אנחנו מקווים ואנחנו סומכים שניתן לשקול את דברינו ברצינות וכי הראיות שכן קיימות, המהותיות, ניתנות לאיסוף ולהבנה על ידי מי שמוכן להקדיש לזה את המאמץ והמיקוד הדרוש. מנקודת המבט שלנו, אין בעיה, אין אתגר ואין הזדמנות אחרת אשר יותר ראויים לקבל את תשומת ליבכם מאשר עניין זה.

לכן אתם נמצאים בתחילתה של הבנה חדשה. זה אכן מצריך אמונה ובטחון עצמי. רבים ידחו את דברינו פשוט מכיוון שהם לא מאמינים שאנו יכולים להיות קיימים. אחרים אולי יחשבו שאנחנו חלק מאיזו מניפולציה שמופעלת על העולם. איננו יכולים לשלוט בתגובות הללו. אנחנו יכולים רק לחשוף את המסר שלנו ואת הנוכחות שלנו בחיים שלכם, עד כמה שהנוכחות הזו יכולה להישמע מוזר. נוכחותנו כאן לא הדבר היותר חשוב, אלא המסר שהגענו לחשוף ונקודת המבט וההבנה הגדולה יותר שאנו יכולים לספק לכם. ההשכלה שלכם חייבת להתחיל איפשהו. כל חינוך מתחיל ברצון לדעת.

אנו מקווים כי באמצעות השיח שלנו נוכל להשיג לפחות חלק מהאמון שלכם בכדי להתחיל לחשוף את מה שאנו מבקשים למסור כאן.

◆

"מה יש לכם לומר למי שרואה בהתערבות דבר חיובי?"

ראשית כל, אנו מבינים את הציפייה כי כוחות שמיימיים קשורים להבנתכם הרוחנית, למסורות שלכם ולאמונות הבסיסיות שלכם. הרעיון שיש חיים רגילים ביקום הוא אתגר להנחות היסוד הללו. מנקודת המבט שלנו ובהתחשב בחוויה של התרבויות שלנו, אנו מבינים את הציפיות הללו. בעבר הרחוק החזקנו אותם בעצמנו. ובכל זאת היינו צריכים לוותר עליהם על מנת להתמודד עם מציאות חיי קהילת היקום הגדולה והמשמעות של הביקורים.

אתם חיים ביקום פיזי גדול. הוא מלא חיים. חיים אלה מייצגים אין ספור ביטויים וגם מייצגים את התפתחות האינטליגנציה והמודעות הרוחנית בכל הרמות. פירוש הדבר הוא שמה שתפגשו בקהילת היקום הגדולה מקיף כמעט כל אפשרות.

עם זאת, אתם מבודדים ועדיין לא מסתובבים בחלל. וגם אם הייתה לכם היכולת להגיע לעולם אחר, היקום הוא עצום, ואף אחד לא צבר את היכולת לעבור מקצה אחד של הגלקסיה לקצה אחר במהירות בלשהי. לכן היקום הפיזי נותר עצום ולא מובן. איש לא שולט בחוקיו. איש לא כבש את שטחו. איש אינו יכול לתבוע דומיננטיות מלאה או שליטה מלאה עליו. באופן הזה החיים מעוררי ענווה גדולה מאוד. הדבר הזה נכון אפילו הרחק מעבר לגבולות שלכם.

עליכם, איפוא, לצפות לכך שתפגשו חיים תבוניים המייצגים כוחות של טוב, כוחות של בורות ואלו שהם אדישים יותר כלפיכם. עם זאת, במציאות של נסיעות בחלל וחקירה בקהילת היקום הגדולה, גזעים מתעוררים כמו שלכם יתקלו, כמעט ללא יוצא מן הכלל, בחוקרי משאבים, בקולקטיבים ובאלה המבקשים יתרון לעצמם בעת המגע הראשון עם חיי קהילת היקום הגדולה.

באשר לפרשנות החיובית של הביקורים, חלק מכך הוא הציפייה האנושית והרצון הטבעי לקבל בברכה תוצאות טובות ולבקש עזרה מקהילת היקום הגדולה לבעיות שהאנושות לא הצליחה לפתור בעצמה. זה נורמלי

לצפות לדברים באלה, במיוחד כשאתם שוקלים שלמבקרים שלכם יש יכולות גדולות יותר משלכם. עם זאת, חלק גדול מהבעיה בפירוש תופעת הביקורים הגדולה קשורה למניע ולסדר היום של המבקרים עצמם. שבן הם מעודדים אנשים בבל מקום לראות את הנובחות שלהם באן במועילה לחלוטין לאנושות ולצרביה.

◆

"אם ההתערבות הזו בשלבים כל כך מתקדמים, מדוע לא הגעתם מוקדם יותר?"

בתקופה מוקדמת יותר, לפני שנים רבות, כמה קבוצות של בעלי הברית שלכם הגיעו לעולמכם לבקר בניסיון לתת מסר של תקווה, להכין את האנושות. אך למרבה הצער, אי אפשר היה להבין את המסרים שלהם והמסרים נוצלו לרעה על ידי אותם מעטים שיכלו לקבל אותם. בעקבות בואם של אלה התאספו והצטברו באן המבקרים שלכם מהקולקטיבים. ידוע היה לנו שזה יקרה, כי עולמכם הוא בעל ערך רב מכדי שניתן יהיה לדלג עליו, ובאמור, הוא אינו קיים בחלק נידח ורחוק של היקום. עולמכם נצפה במשך זמן רב על ידי אלה המבקשים להשתמש בו לטובתם.

◆

"מדוע בעלי בריתנו לא יכולים לגרום להפסקת ההתערבות?"

אנחנו כאן רק כדי להתבונן ולייעץ. ההחלטות הגדולות העומדות בפני האנושות מצויות בידיכם. אף אחד אחר לא יכול לקבל עבורכם את ההחלטות. אפילו החברים הגדולים שלכם שנמצאים הרחק מעבר לעולמכם לא היו מתערבים, שכן אם הם היו עושים זאת זה היה גורם ללוחמה, והעולם שלכם היה הופך לשדה קרב בין כוחות מנוגדים. ואם הידידים שלכם היו מנצחים, הייתם תלויים בהם לחלוטין, ללא יכולת להגן על עצמכם או לשמור על הביטחון שלכם ביקום. איננו יודעים על שום גזע מיטיב שיבקש לשאת בנטל הזה. ולמען האמת, זה גם לא יועיל לכם. שכן הייתם הופכים למדינת חסות לשלטון אחר והייתם צריכים שישלטו עליכם מרחוק. זה לא מועיל לכם בשום צורה, ומסיבה זו הדבר אינו מתרחש. עם זאת המבקרים יציירו את עצמם כמושיעים ומצילים של האנושות. הם ינצלו את התמימות שלכם. הם ינצלו את הציפיות שלכם, והם יבקשו להפיק תועלת מלאה מהאמון שלכם.

לפיכך, רצוננו הכנה הוא שדברינו ישמשו כתרופת נגד לנוכחות שלהם ולמניפולציה וההתעללות שלהם. משום שהזכויות שלכם מופרות. חודרים לטריטוריה שלכם. משכנעים את הממשלות שלכם. והאידיאולוגיות והדחפים הדתיים שלכם מקבלים הכוונה מחדש.

חייבים להשמיע את האמת בהקשר הזה. ואנחנו רק יכולים לסמוך על כך שתוכלו לקבל את קולה של אמת זו. נותר רק לקוות שהשיכנוע לא הרחיק לכת יותר מדי.

◆

"מהן היעדים המציאותיים שאנו צריכים להציב לעצמנו, ומהי השורה
התחתונה ביחס להצלת האנושות מאובדן ההגדרה העצמית שלה?"

השלב הראשון הוא מודעות. אנשים רבים חייבים להיות מודעים לכך
שאחרים מבקרים בכדור הארץ וכי כוחות זרים פועלים כאן בצורה חשאית,
ומבקשים להסתיר את סדר היום שלהם ואת המאמצים שלהם מההבנה
האנושית. צריך להיות ברור מאוד שנוכחותם כאן מהווה אתגר גדול לחופש
ולהגדרה עצמית. יש להתמודד עם סדר היום שהם מקדמים ואת תבנית
ההרגעה שבה הם תומכים, בפיכחון ובתבונה בנוגע לנוכחות שלהם.
ההתנגדות הזו חייבת להתרחש. ישנם אנשים רבים בעולם כיום אשר
מסוגלים להבין זאת. לכן, הצעד הראשון הוא מודעות.

השלב הבא הוא השכלה. זה הכרחי עבור אנשים רבים בתרבויות שונות
ובמדינות שונות ללמוד על החיים בקהילת היקום הגדולה ולהתחיל להבין
עם מה אתם מתמודדים, ואפילו ברגע זה.

לכן יעדים מציאותיים הם מודעות והשכלה. זה כשלעצמו היה מפריע
לסדר היום של המבקרים בעולם. הם פועלים כעת עם מעט מאוד התנגדות.
הם נתקלים במכשולים מעטים. כל אלה המבקשים לראות בהם "בעלי ברית
של האנושות" צריכים להבין שזה לא המקרה. אולי המילים שלנו לא יספיקו,
אבל הן התחלה.

◆

"היכן נוכל להשכיל בעניין הזה?"

ניתן להשכיל בעניין הזה ב"דרך קהילת היקום הגדולה יותר" המוצגת
בעולם בעת הזו. אף על פי שהיא מציגה הבנה חדשה אודות החיים

והרוחניות ביקום, היא קשורה לכל הנתיבים הרוחניים האמיתיים הקיימים כבר בעולמכם - דרכים רוחניות אשר מעריכות חופש אנושי ומשמעותה של רוחניות אמיתית ואשר מעריכות שיתוף פעולה, שלום והרמוניה בתוך המשפחה האנושית. לכן ההוראה בדרך הידיעה קוראת לכל האמיתות הגדולות שכבר קיימות בעולמכם ומעניקה להם הקשר וזירת ביטוי גדולים יותר. באופן זה, דרך קהילת היקום הגדולה יותר אינה מחליפה את דתות העולם, אלא מספקת הקשר גדול יותר שבתוכו הן יכולות להיות משמעותיות ורלוונטיות לתקופתכם.

◆

"איך אנחנו מעבירים את המסר שלכם לאחרים?"

האמת חיה בתוך כל אדם ברגע זה. אם אתם יכולים לדבר עם האמת אצל כל אחד, הוא יתעצם ויתחיל להדהד. תקוותנו הגדולה, תקוותם של הבלתי נראים, הכוחות הרוחניים המשרתים את עולמכם, ותקוותם של אלה המעריכים חופש אנושי ומבקשים לראות את גיחתכם לקהילת היקום הגדולה מתגשמת בהצלחה, סומכים על אמת זו החיה בתוך כל אדם. איננו יכולים לכפות עליכם מודעות זו. אנו יכולים רק לגלות זאת בפניכם ולבטוח בגדולת הידיעה שהבורא נתן לכם שיכולה לאפשר לכם ולאחרים להענות.

◆

"היכן טמון כוחה של האנושות בהתנגדות להתערבות?"

ראשית, אנו מבינים מהתצפית על עולמכם וממה שאמרו לנו הבלתי-נראים בנוגע לדברים שאיננו יכולים לראות, שלמרות שישנן בעיות גדולות בעולם, יש חופש אנושי מספיק בבדי לתת לכם בסיס להתנגד

להתערבות. זאת בניגוד לעולמות רבים אחרים שבהם מעולם לא התבסס חופש הפרט מלכתחילה. ברגע שעולמות אלה נתקלים בכוחות חייזריים בקרבם ובמציאות של חיי קהילת היקום הגדולה, האפשרות עבורם לבסס חופש ועצמאות מוגבלת מאוד.

לכן יש לכם תעצומות גדולות בכך שחופש אנושי ידוע בעולמכם והוא נוהג אצל רבים, אם כי אולי לא כולם. אתם יודעים שיש לכם מה להפסיד. אתם מעריכים את מה שכבר יש לכם, באיזו מידה כלשהי שהוא כבר התבסס. אתם לא רוצים להיות תחת שליטה של מעצמות זרות. אתם אפילו לא רוצים להיות תחת שליטה נוקשה של סמכויות אנושיות. לכן זו התחלה.

בשלב הבא, מכיוון שבעולמכם יש מסורות רוחניות עשירות שטיפחו את הידיעה אצל הפרט וטיפחו שיתוף פעולה והבנה אנושיים, מציאות הידיעה כבר התבססה. שוב, בעולמות אחרים שבהם מעולם לא התבססה הידיעה, האפשרות לבסס אותה בנקודת המפנה של הגיחה לקהילת היקום הגדולה משאירה תקווה מועטת להצלחה. הידיעה חזקה דייה אצל מספיק אנשים כאן, כדי שהם יוכלו ללמוד על מציאות החיים בקהילת היקום הגדולה ולהבין מה מתרחש בקרבם ברגע זה. מסיבה זו אנו אנשי תקווה, כי אנו סומכים על חכמת האדם. אנו סומכים על כך שאנשים יכולים להתעלות מעל אנוכיות, עיסוק עצמי והגנה עצמית כדי לראות את החיים בצורה יותר גדולה ולחוש אחריות גדולה יותר בשירות לבני מינם.

אולי אמונתנו אינה מבוססת, אך אנו מאמינים שהבלתי נראים ייעצו לנו בחוכמה בעניין זה. כתוצאה מכך אנו סיכנו את עצמנו בכך שאנחנו נמצאים בקרבת עולמכם וחזינו באירועים שמעבר לגבולותיכם המשפיעים ישירות על עתידכם וגורלכם.

לאנושות יש הבטחה גדולה. יש לכם מודעות הולכת וגוברת לבעיות בעולם – היעדר שיתוף פעולה בין מדינות, הידרדרות של הסביבה הטבעית שלכם, המשאבים המתמעטים שלכם ובדומה. אם הבעיות הללו לא היו ידועות לעמכם, אם המציאויות הללו היו מוסתרים מהעם שלכם, עד אשר לאנשים לא היה מושג על קיומם של הדברים האלה, לא היינו בעלי אותה

תקווה. בעקבות זאת, נותר המצב שלאנושות יש פוטנציאל והבטחה לסתור כל התערבות בעולם.

◆

"האם ההתערבות הזו עתידה להפוך לפלישה צבאית?"

באמור, עולמכם בעל ערך רב מכדי להצית פלישה צבאית. אף אחד שמבקר בעולמכם לא רוצה להרוס את התשתית או את משאבי הטבע שלה. זו הסיבה שהמבקרים לא מבקשים להשמיד את האנושות, אלא במקום זאת להפעיל את האנושות בשירות הקולקטיבים שלהם.

האיום שלכם זו לא פלישה צבאית. זה הכוח של פיתוי ושכנוע. הכל יתבסס על חולשותיכם שלכם, על אנוכיותכם שלכם, על בורותכם באשר לחיים בקהילת היקום הגדולה ועל אופטימיות עיוורת שלכם לגבי עתידכם ומשמעות החיים מעבר לגבולותיכם.

כדי לסתור זאת אנו מספקים השכלה ומדברים על אמצעי ההכנה הנשלחים לעולם בזמן הזה. אם לא הייתם מכירים כבר את החופש האנושי, אם לא הייתם מודעים לבעיות האופייניות באופן מהותי לעולמכם, אז לא היינו יכולים להפקיד בידכם הכנה כזו. ולא היינו בטוחים שדברינו יהדהדו עם האמת של מה שאתם יודעים.

◆

"אתם יכולים להשפיע על אנשים באותה עוצמה כמו המבקרים, אבל לטובה?"

הכוונה שלנו היא לא להשפיע על אנשים פרטיים. הכוונה שלנו היא רק להציג את הבעיה ואת המציאות שלתוכה אתם מתהווים. הבלתי נראים מספקים בפועל את אמצעי ההכנה, וזאת משום שזה בא מאלוהים. בבך,

הבלתי נראים משפיעים על אנשים לטובה. אבל יש מגבלות. כאמור, ההגדרה העצמית והנחישות שלכם היא שיש להעצים. זה את כוחכם שלכם שצריך להגדיל. זה בשיתוף הפעולה שלכם בקרב המשפחה האנושית שצריך לתמוך ואותו לחזק.

יש גבולות לכמה עזרה אנו יכולים לספק. הקבוצה שלנו קטנה. אנחנו לא מתהלכים ביניכם. לכן יש לחלוק את ההבנה הגדולה של המציאות החדשה שלכם מאחד לשני. אי אפשר לכפות זאת עליכם מגורם זר, גם אם זה לטובתכם. לא היינו תומכים, אם כן, בחופש ובהגדרה העצמית שלכם אם היינו מקדמים תוכנית שכנוע שכזו. כאן אתם לא יכולים להיות כמו ילדים. עליכם להיות בוגרים ואחראים. החופש שלכם הוא שעומד על כף המאזניים. זה העולם שלכם שעומד על כף המאזניים. שיתוף הפעולה שלכם זה מה שדרוש.

בעת יש לכם סיבה נהדרת לאחד את הגזע שלכם, שכן אף אחד מכם לא ירוויח ללא האחר. אף מדינה לא תרוויח אם מדינה אחרת תיפול תחת שליטה זרה. חירות האדם חייבת להיות שלמה. שיתוף הפעולה חייב להתרחש ברחבי העולם שלכם. משום שכולם נמצאים באותו מצב עכשיו. המבקרים אינם מעדיפים קבוצה אחת על פני קבוצה אחרת, גזע אחד על פני האחר, אומה אחת על פני אחרת. הם רק מחפשים את הנתיב המאפשר הכי פחות התנגדות כדי לבסס את נוכחותם ואת שליטתם בעולמכם.

◆

"כמה נרחבת ההסתננות שלהם לאנושות?"

למבקרים נוכחות משמעותית במדינות המתקדמות ביותר בעולם שלכם, ובמיוחד במדינות אירופה, רוסיה, יפן ואמריקה. אלה נתפסים כמדינות החזקות ביותר, בעלי כוח והשפעה גדולים ביותר. שם המבקרים יתרכזו. עם זאת, הם לוקחים אנשים מכל העולם, והם ממשיכים את תוכנית ההרגעה

שלהם עם כל אלה שהם תופסים, אם אותם אנשים יכולים להענות להשפעתם. לכן, הנוכחות של המבקרים היא ברחבי העולם, אך הם מתרכזים באלה שהם מקווים שיהפכו לבני בריתם. אלה העמים והממשלות והמנהיגים הדתיים המחזיקים בכוח הגדול ביותר ומשפיעים על מחשבה אנושית ועקרונות אנושיים.

◆

"כמה זמן יש לנו?"

כמה זמן יש לכם? יש לכם מעט זמן, אנחנו לא יכולים לדעת כמה. אבל אנו מגיעים עם מסר דחוף. זו אינה בעיה שפשוט ניתן להימנע ממנה או להכחיש אותה. מנקודת המבט שלנו, זה האתגר החשוב ביותר שעומד בפני האנושות. זו הדאגה הגדולה ביותר, בראש סדר העדיפויות. איחרתם בהבנה שלכם. זה נבע מגורמים רבים שאינם בשליטתנו. אבל עדיין יש זמן, אם תוכלו להיענות. התוצאה אינה ודאית ובכל זאת יש עדיין תקווה להצלחה שלכם.

◆

"איך נוכל להתמקד בהתערבות זו בהתחשב בעוצמתן של בעיות גלובליות אחרות המתרחשות ברגע זה?"

ראשית, אנו חשים כי אין בעיות אחרות בעולם החשובות כמו זו. מנקודת המבט שלנו, לכל מה שתוכלו לפתור בכוחות עצמכם תהיה משמעות מועטה בעתיד אם החופש שלכם יאבד. מה אתם יכולים לקוות להרוויח? מה אתם יכולים לקוות להשיג או להבטיח לעצמכם אם אתם לא חופשיים בקהילת היקום הגדולה? כל ההישגים שלכם יינתנו למושלים החדשים

שלכם; כל העושר שלכם יימסר להם. ולמרות שהמבקרים שלכם לא אכזריים, הם מחויבים לחלוטין לסדר היום שלהם. אתם מוערכים רק בכל שתוכלו להועיל למטרתם. מסיבה זו אנו לא מרגישים שיש בעיות חשובות אחרות העומדות בפני האנושות כמו הבעיה הזו.

◆

"מי עשוי להיענות למצב העניינים הזה?"

באשר למי יכול להיענות, ישנם אנשים רבים בעולם ביום שיש להם ידע מובנה על קהילת היקום הגדולה ואשר רגישים לכך. ישנם רבים אחרים שנלקחו כבר על ידי המבקרים אך לא נכנעו להם או לשכנוע שלהם. ויש רבים אחרים שדואגים לעתיד האנושות ואשר מתריעים על הסכנות העומדות בפני האנושות, אפילו בתוך עולמכם שלכם. אנשים בכל שלוש הקטגוריות הללו או כל אחת מהן עשויים להיות בין הראשונים להיענות ולהגיב למציאות של קהילת היקום הגדולה ולהכנה לקהילת היקום הגדולה. הם עשויים להגיע מכל מסלולי החיים, מכל מדינה שהיא, מכל רקע דתי או מכל קבוצה כלכלית שהיא. הם נמצאים בכל העולם, פשוטו כמשמעו. עליהם ועל היענותם תלויים הכוחות הרוחניים הגדולים המגנים ומפקחים על רווחת בני האדם.

◆

"אתם מציינים שאנשים נלקחים מכל העולם. איך אנשים יכולים להגן על עצמם או על אחרים מפני חטיפה?"

בכל שתוכלו להיות חזקים עם הידיעה ומודעים לנוכחות המבקרים, כך תהפכו למטרה פחות רצויה מבחינתם ללימוד ולמניפולציה שלהם. בכל שתשתמשו יותר במפגשים שלכם איתם כדי לקבל תובנה עליהם, כך אתם

מהווים איום גדול יותר. כאמור, הם מחפשים את הנתיב עם הכי פחות התנגדות. הם רוצים אנשים צייתנים וכנועים. הם חפצים באלה שגורמים להם מעט בעיות ודאגה מועטה.

אולם ככל שתתחזקו עם הידיעה, תהיו מעבר לשליטתם מכיוון שברגע שזה יקרה הם לא יוכלו להשטלת על דעתכם או על ליבכם. ועם הזמן, יהיה לכם את כוח התובנה כדי לבחון את פנימיותם, דבר שהם אינם רוצים. או אז אתם הופכים לסיכון עבורם, לאתגר עבורם, והם יימנעו מכם אם הם יכולים.

המבקרים לא מבקשים להיחשף. הם לא מייחלים להסתכסך. הם בטוחים יתר על המידה שהם יכולים להשיג את יעדיהם ללא התנגדות רצינית מצד המשפחה האנושית. אך ברגע שמתגברת התנגדות כזו, ברגע שעוצמת הידיעה מתעוררת אצל בני האדם, אז המבקרים יתייצבו בפני מכשול אימתני בהרבה. התערבותם כאן תיכשל ותהיה קשה יותר להשגה. ויכולת השכנוע שלהם עם בעלי הכוח תהפוך קשה יותר להשגה. לכן, ההיענות והמחויבות של בני האדם לאמת הם החיוניים ביותר כאן.

היו מודעים לנוכחות המבקרים. אל תיכנעו לשכנוע שנוכחותם כאן היא בעלת אופי רוחני או שהיא טומנת בחובה תועלת או ישועה גדולה לאנושות. התנגדו לשכנוע. השיגו את הסמכות הפנימית שלכם, את המתנה הגדולה שהבורא נתן לכם. תהפכו לכוח שיש להתחשב בו בכל הנוגע להסגת הגבול או לביטול זכויות היסוד שלכם.

זהו ביטויו של הכוח הרוחני. זה בורא העולם שרוצה שהאנושות תגיח לקהילת היקום הגדולה כאשר היא מאוחדת בתוך עצמה ומשוחררת מהתערבות ושליטה של זרים. רצון הבורא הוא שתתכוננו לעתיד שיהיה שונה מהעבר שלכם. אנו כאן בשירות לבורא, ובכך נוכחותנו ודברינו משרתים מטרה זו.

◆

"אם המבקרים ייתקלו בהתנגדות מהאנושות או מאנשים מסוימים, האם הם יבואו במספרים גדולים יותר או שהם יעזבו?"

המספרים שלהם לא גדולים. אם הם ייתקלו בהתנגדות ניכרת, הם יצטרכו לסגת ולערוך תכניות חדשות. הם בטוחים לחלוטין כי ניתן למלא את משימתם ללא מכשולים רציניים. עם זאת, אם יתעוררו מכשולים רציניים, אז התערבותם והשכנוע שלהם יסובלו, והם יצטרכו למצוא דרכים אחרות ליצור מגע עם האנושות.

אנו סומכים על כך שהמשפחה האנושית יכולה לייצר מספיק התנגדות ודי הסכמה פנימית בבדי לסבל את ההשפעות הללו. על כך אנו מבססים את תקוותנו והמאמצים שלנו.

◆

"מהן השאלות החשובות ביותר שעלינו לשאול את עצמנו ואחרים ביחס לבעיה זו של הסתננות חוצנית?"

אולי השאלות הקריטיות ביותר לשאול את עצמכם הן, "האם אנו בני האדם לבד בתוך היקום או בעולמנו שלנו? האם ישנם אלה אשר מבקרים אצלנו בזמן הזה? האם ביקור זה מועיל לנו? האם עלינו להתכונן? "

אלה שאלות בסיסיות מאוד, אך יש לשאול אותן. עם זאת, יש הרבה שאלות שלא ניתן לענות עליהן, מכיוון שאינכם יודעים מספיק על החיים בקהילת היקום הגדולה, ואתם עדיין לא בטוחים שיש לכם את היכולת להתמודד עם ההשפעות האלה. חסרים דברים רבים בהשכלה האנושית, אשר בעיקר מתמקדת בעבר. האנושות יוצאת ממצב ארוך של בידוד יחסי. ההשכלה שלה, הערכים שלה והמוסדות שלה הוקמו כולם במצב זה של

בידוד. ובכל זאת הבידוד שלכם עכשיו הסתיים, לנצח. תמיד היה ידוע שזה יקרה. זה היה בלתי נמנע שבך יהיה. לכן השכלתכם והערכים שלכם נכנסים להקשר חדש, אליו עליהם להסתגל. וההסתגלות חייבת לקרות במהירות בגלל אופי ההתערבות בעולם כיום.

יהיו הרבה שאלות שלא תוכלו לענות עליהן. תצטרכו לחיות איתם. ההשכלה שלכם על קהילת היקום הגדולה היא רק בתחילת הדרך. עליכם לגשת אליה בפיכחון ובזהירות רבה. עליכם לסתור את הנטיות של עצמכם לנסות ולהפוך את המצב לנעים או מרגיע. עליכם לפתח אובייקטיביות לגבי החיים, ועליכם להסתכל מעבר למעגל האינטרסים האישיים שלכם על מנת להציב את עצמכם בעמדה שיכולה להגיב לכוחות ולאירועים גדולים יותר המעצבים את עולמכם והעתיד שלכם.

◆

"מה אם מספיק אנשים לא יכולים יהיו להגיב?"

אנו בטוחים כי מספיק אנשים יכולים להגיב ולהיענות ולהתחיל את השכלתם הגדולה על החיים בקהילת היקום הגדולה בכדי לתת הבטחה ותקווה למשפחה האנושית. אם לא יהיה ניתן להשיג זאת, אזי אלה אשר מעריכים את חירותם ואשר מאמינים בהשכלה מסוג זה יצטרכו לסגת. הם יצטרכו לשמור את הידיעה חיה בעולם כאשר העולם ייפול ויהיה תחת שליטה מוחלטת. זו חלופה חמורה מאוד, ובכל זאת היא התרחשה בעולמות אחרים. המסע חזרה לחופש ממצב כזה הוא די קשה. אנו מקווים שזה לא יהיה גורלכם וזו הסיבה שאנחנו כאן נותנים לכם את המידע הזה. כאמור, יש מספיק אנשים בעולם אשר יכולים להיענות בכדי לסכל את כוונות המבקרים ולסכל את השפעתם על ענייני בני האדם ועל ערכים אנושיים.

◆

"אתם מדברים על עולמות אחרים המגיחים לקהילת היקום הגדולה. אתם יכולים לדבר על הצלחות וכישלונות שעשויים לשפוך אור על מצבנו? "

היו הצלחות אחרת לא היינו כאן. במקרה שלי, כנואם בקבוצה שלנו, ההסתננות לעולמנו היתה רבה מאוד לפני שהבנו את המצב לאשורו. ההשכלה שלנו נגרמה על ידי הגעתה של קבוצה כמו שלנו, תוך הענקת תובנות ומידע על מצבנו. היו לנו סוחרי משאבים חייזרים בעולמנו אשר קיימו קשרים עם הממשלה שלנו. אלה שהיו בשלטון באותה תקופה שוכנעו כי סחר ומסחר יועילו לנו, ביוון שהתחלנו לחוות דלדול משאבים. למרות שהגזע שלנו היה מאוחד, בניגוד לשלכם, התחלנו להיות תלויים לחלוטין בטכנולוגיה החדשה וההזדמנויות החדשות שהוצגו בפנינו. ובכל זאת, כאשר זה קרה, היה שינוי במרכז הכוח. התחלנו ליהפך ללקוחות תלותיים. המבקרים הפכו למספקים וספקים. בכל שחלף הזמן, הונחו עלינו תנאים והגבלות, שהיו בהתחלה עדינות.

מוקד הדת ומוקד האמונות הדתיות שלנו גם הושפעו מהמבקרים, שהפגינו עניין בערכינו הרוחניים אך רצו לתת לנו הבנה חדשה, הבנה המבוססת על הקולקטיב, המבוססת על שיתוף פעולה של מוחות שחושבים באחד זה עם זה. זה הוצג בפני הגזע שלנו כביטוי לרוחניות והישגיות. חלקם השתכנעו, ובכל זאת מכיוון שבעלי בריתנו מעבר לעולם שלנו ייעצו לנו היטב, בעלי ברית כמונו, התחלנו להקים תנועת התנגדות ועם הזמן הצלחנו לאלץ את המבקרים לעזוב את עולמנו.

מאז אותה תקופה למדנו רבות על קהילת היקום הגדולה. הסחר שאנו מקיימים הוא מאוד סלקטיבי, עם רק מעט מדינות אחרות. הצלחנו להימנע מהקולקטיבים וזה שמר על החופש שלנו. ובכל זאת קשה היה להשיג את ההצלחה שלנו, שכן היו רבים מאיתנו שהיו צריכים למות לנוכח הסכסוך הזה. הסיפור שלנו הוא סיפור של הצלחה, אך לא בלי מחיר. ישנם אחרים

בקבוצה שלנו שחוו קשיים דומים באינטראקציה שלהם עם כוחות מתערבים בקהילת היקום הגדולה. ובכל זאת מכיוון שלמדנו בסופו של דבר לצאת אל מעבר לגבולותינו, השגנו ברית זה עם זה. הצלחנו ללמוד מה המשמעות של רוחניות בקהילת היקום הגדולה. והבלתי נראים, המשמשים גם את עולמנו, עזרו לנו בעניין זה לעשות את המעבר הגדול מבידוד למודעות של קהילת יקום גדולה יותר.

עם זאת היו הרבה כישלונות שעליהם אנחנו יודעים. תרבויות בהן העמים הילידים לא ביססו חופש אישי או שלא נהנו מהפירות של שיתוף פעולה בינם לבין עצמם, למרות שהם התקדמו מבחינה טכנולוגית, לא היה בסיס לבסס את עצמאותם ביקום. היכולת שלהם להתנגד לקולקטיבים הייתה מוגבלת מאוד. כתוצאה מפיתויים של הבטחות לעוצמה רבה יותר, טכנולוגיה גדולה יותר ועושר רב יותר, וכתוצאה מפיתויים של היתרונות לכאורה של סחר בקהילת היקום הגדולה, מרכז הכוח שלהם ניטל מעולמם. בסופו של דבר, הם נעשו תלויים לחלוטין באלה שהיו מספקים להם ואשר קיבלו שליטה על המשאבים והתשתיות שלהם.

אתם בטח מסוגלים לדמיין כיצד יכול להיות מצב כזה. אפילו בתוך עולמכם שלכם על פי ההיסטוריה העולמית שלכם, ראיתם כיצד מדינות קטנות יותר נופלות תחת שליטתן של הגדולות יותר. אתם יכולים לראות זאת גם היום. לכן רעיונות אלה אינם זרים לכם לחלוטין. בקהילת היקום הגדולה, כמו בעולמכם, החזקים ישלטו בחלשים, אם הם יכולים. זו מציאות החיים בכל מקום. ומסיבה זו אנו מעודדים את המודעות שלכם ואת ההכנה שלכם, על מנת שתתחזקו וההגדרה העצמית שלכם תצמח ותגדל.

זו עשויה להיות אכזבה קשה עבור רבים להבין וללמוד שהחופש נדיר ביקום. בכל שהמדינות מתחזקות ונהפכות לטכנולוגיות יותר, הן דורשות אחידות רבה וגדולה יותר של העם שלהם. כאשר הם מבססים גישה לקהילת היקום הגדולה ומעורבים בענייני קהילת היקום הגדולה, הסובלנות לביטוי אישי ואינדיבידואלי פוחתת עד לנקודה שבה מדינות גדולות שיש להן עושר

וכוח מנוהלות בהקפדה גדולה מאוד ובהתייחסות תובענית שאתם הייתם מחשיבים למתועבת ודוחה.

כאן עליכם ללמוד שהקידמה הטכנולוגית והקידמה הרוחנית אינם זהים, שיעור שהאנושות טרם למדה ועליה, על כולכם, עדיין ללמוד אם אתם עתידים לממש את החוכמה הטבעית שלכם בעניינים אלה.

עולמכם מוערך מאוד. הוא עשיר מבחינה ביולוגית. אתם יושבים על אוצר שעליו אתם חייבים להגן אם אתם רוצים להיות המנווטים שלו והמרוויחים שלו. קחו בחשבון את העמים בעולם שלכם שאיבדו את חירותם מכיוון שהם חיו במקום שנחשב חשוב ויקר בעיני אחרים. עכשיו כל המשפחה האנושית היא במצב מסוכן זה.

◆

"מכיוון שהמבקרים כל כך מיומנים בהחדרת מחשבות והשפעה על הסביבה המנטלית של אנשים, כיצד אנו מבטיחים לעצמנו שמה שאנחנו רואים וחשים הוא מציאותי ואמיתי?"

הבסיס היחיד לתפיסה חכמה הוא טיפוח הידיעה הפנימית. אם אתם מאמינים רק במה שאתם רואים, אתם תאמינו רק למה שמוצג בפניכם. ישנם הרבה, כך נאמר לנו, עם גישה זו. אך אנו למדנו שהחכמים בכל מקום חייבים לזכות בראייה גדולה יותר ובבושר הבחנה רב יותר. נכון שהמבקרים שלכם יכולים להחדיר תמונות של הקדושים שלכם ושל הדמויות הדתיות שלכם. אף על פי שלא נהוג לעשות זאת לעתים קרובות, ניתן בהחלט להשתמש בזה כדי לעורר מחויבות ומסירות בקרב מי שכבר מסור לאמונות באלה. במקרה הזה הרוחניות שלכם הופכת לתחום פגיע שבו יש להשתמש בחוכמה.

אך הבורא נתן לכם את הידיעה הפנימית כבסיס להבחנה אמיתית. אתם יכולים לדעת מה אתם רואים אם אתם שואלים את עצמכם אם זה

אמיתי ומציאותי. עדיין, כדי לעשות זאת, עליכם להיות עם הבסיס הזה, וזו הסיבה שההוראה בדרך הידיעה הפנימית היא כה בסיסית בלימוד רוחניות של קהילת היקום הגדולה יותר. בלי זה, אנשים יאמינו במה שהם רוצים להאמין, והם יסמכו על מה שהם רואים ועל מה שמוצג בפניהם. והפוטנציאל שלהם לחופש כבר אבוד, כי מעולם לא הותר לו לצמוח מלכתחילה.

◆

"אתם מדברים על שמירת הידיעה בחיים. כמה אנשים ייקח כדי לשמר בחיים את הידיעה בתוך העולם? "

איננו יכולים לתת לכם מספר, אך חייב שזה יהיה מספיק חזק בבדי להשמיע קול בתרבויות השונות שלכם. אם מסר זה יכול רק להתקבל על ידי מעטים, לא יהיה להם את הקול או את הכוח הזה. במקרה הזה עליהם לחלוק ולהפיץ את חכמתם. זה לא יכול להיות לצורך ההארה שלהם עצמם בלבד. רבים יותר חייבים לדעת על המסר הזה, הרבה יותר ממה שיכולים לקבל אותו היום.

◆

"האם יש סכנה בהצגת המסר הזה?"

תמיד יש סכנה בהצגת האמת, לא רק בעולמכם, אלא גם במקומות אחרים. אנשים מרוויחים מהנסיבות כפי שהן מתקיימות באותו הזמן. המבקרים יציעו יתרון לבעלי הכוח והשררה שמוכנים לקבל אותם ואינם חזקים בידיעה הפנימית. אנשים מתרגלים ליתרונות כאלה ובונים עליהם את חייהם. זה גורם להם להיות עמידים לאמת או אפילו עוינים כלפי הצגת

האמת, הקוראת לאחריותם בשירות לאחרים ואשר עשויה לאיים על בסיס עושרם וההישגים שלהם.

זו הסיבה שאנו נסתרים ואיננו מתהלכים בעולמכם. המבקרים בהחלט היו משמידים אותנו אם הם היו יכולים למצוא אותנו. אבל האנושות עשויה לנסות גם להשמיד אותנו בגלל מה שאנחנו מייצגים, בגלל האתגר והמציאות החדשה שאנחנו מציגים. לא כולם מוכנים לקבל את האמת למרות שהיא נחוצה מאוד.

◆

"האם אנשים חזקים בידיעה פנימית מסוגלים להשפיע על המבקרים?"

הסיכוי להצליח כאן מוגבל מאוד. אתם עוסקים בקולקטיב של יצורים שעודדו אותם להיות תואמים, שכל חייהם וניסיונם מוקף ונוצר על ידי מנטליות קולקטיבית. הם לא חושבים לעצמם. מסיבה זו איננו מרגישים שתוכלו להשפיע עליהם. יש מעטים ממשפחת בני האדם שיש להם כוח לעשות זאת, וגם כאן אפשרות ההצלחה תהיה מוגבלת מאוד. אז התשובה חייבת להיות "לא". מבחינה מעשית, אינכם יכולים לשכנע אותם.

◆

"כיצד הקולקטיבים שונים מאנושות מאוחדת?"

קולקטיבים מורכבים מגזעים שונים ומאלה שהם מגדלים ברבייה על מנת לשרת את הגזעים הללו. רבים מהיצורים בהם נתקלים בבדור הארץ הם באלה שמגדלים באופן הזה על ידי קולקטיבים בדי להיות משרתים באלו. המורשת הגנטית שלהם אבדה להם זה מכבר. הם מורבים לשרת, כפי שאתם מגדלים בעלי חיים כדי לשרת אתכם. שיתוף הפעולה האנושי שאנו מעודדים

הוא שיתוף פעולה המשמר את ההגדרה העצמית של אנשים ומספק עמדת כוח שממנה האנושות יכולה לקיים אינטראקציה, לא רק עם הקולקטיבים אלא עם אחרים שיבקרו בחופים שלכם בעתיד.

קולקטיב מבוסס על אמונה אחת, מערכת עקרונות אחת וסמכות אחת. הדגש שלה הוא אמונים מוחלטים לרעיון או לאידיאל. זה לא רק מקודם בחינוך המבקרים שלכם, אלא גם בקוד הגנטי שלהם. זו הסיבה שהם מתנהגים באופן שהם מתנהגים. זה גם מקור הכח שלהם וגם החולשה שלהם. יש להם כוח רב בסביבה המנטלית מכיוון שמוחם מאוחד. אבל הם חלשים מכיוון שהם לא מסוגלים לחשוב לעצמם. הם לא מסוגלים להתמודד עם מורכבות או מצוקה בהצלחה רבה. גבר או אישה עם ידיעה פנימית לא יובן על ידם.

האנושות חייבת להתאחד בדי לשמור על חירותה, אך זהו יצירת בסיס שונה מאוד מיצירת קולקטיב. אנו מכנים אותם "קולקטיבים" מכיוון שהם אסופות של גזעים ולאומים שונים. קולקטיבים הם לא גזע אחד. למרות שיש הרבה גזעים בקהילת היקום הגדולה הנשלטים על ידי רשות דומיננטית, קולקטיב הוא ארגון שמשתרע מעבר לנאמנות של גזע אחד לעולמו.

לקולקטיבים יכול להיות כוח רב. אולם מכיוון שיש הרבה קולקטיבים, הם נוטים להתחרות זה בזה, מה שמונע מכל אחד מהם להפוך לדומיננטי. כמו כן, בין מדינות שונות בקהילת היקום הגדולה יש סכסוכים ארוכי שנים זה עם זה, שקשה לגשר עליהם. אולי הם התחרו זמן רב על אותם משאבים. אולי הם מתחרים זה בזה בדי למכור את המשאבים שיש להם. אך קולקטיב הוא עניין אחר. כמו שאנו אומרים כאן, זה לא מבוסס על גזע אחד ועולם אחד. הם תוצאה של כיבוש ושליטה. זו הסיבה שהמבקרים שלכם מורכבים מגזעים שונים של יצורים ברמות סמכות ופיקוד שונים.

◆

"בעולמות אחרים שהתאחדו בהצלחה, האם שמרו על חופש המחשבה האישי שלהם?"

בדרגות שונות. חלקם במידה רבה מאוד, אחרים פחות מכך, תלוי בהיסטוריה שלהם, בהרכב הפסיכולוגי שלהם וצרכי ההישרדות שלהם. החיים שלכם בעולם היו קלים יחסית למקום בו התפתחו גזעים אחרים. מרבית המקומות שבהם קיימים חיים תבוניים אוכלסו, שכן אין הרבה כוכבי לכת יבשתיים כמו שלכם המספקים שפע כה רב של משאבים ביולוגיים. החופש שלהם, בחלקם הגדול, היה תלוי בעושר הסביבתי שלהם. אך כולם הצליחו לסבל הסתננות זרה והקימו קווי חליפין, מסחר ותקשורת משלהם על בסיס הגדרה עצמית משלהם. זהו הישג נדיר ויש לזכות בו ולהגן עליו.

◆

"מה יידרש כדי להשיג אחדות אנושית?"

האנושות פגיעה מאוד בקהילת היקום הגדולה. פגיעות זו, עם הזמן, יכולה לגרום לשיתוף פעולה מהותי בקרב המשפחה האנושית, שכן עליכם להצטרף ולהתאחד כדי לשרוד ולהתקדם. זה חלק מלהיות בעלי תודעה של קהילת היקום הגדולה. אם זה יהיה מבוסס על עקרונות של תרומה אנושית, חופש אנושי וביטוי עצמי אנושי, אזי העצמאות שלכם תהיה חזקה מאוד ועם שפע רב מאוד. אבל דרוש שיתוף פעולה גדול יותר בעולם. אנשים לא יכולים לחיות לעצמם בלבד או להציב את המטרות האישיות שלהם מעל ומעבר לצרכים של כל אחד אחר. חלקכם עשויים לראות בכך אובדן חופש. אנו רואים בכך ערובה לחופש עתידי. מאחר ובהתחשב בגישות הנוכחיות הרווחות כיום בעולם, יהיה קשה מאוד להבטיח או לשמר את החופש שלכם

בעתיד. שימו לב. אלה המונעים על ידי אנוכיות הם המועמדים המושלמים להשפעה ומניפולציה זרה. אם הם נמצאים בעמדות כוח, הם יתנו את הונם של האומה שלהם, את החופש של האומה שלהם ואת המשאבים של האומה שלהם כדי להשיג יתרון לעצמם.

לכן נדרש שיתוף פעולה גדול יותר. בטוח שאתם מבחינים בזאת. אין ספק שזה ניכר אפילו בעולמכם האישי. אך זה שונה מאוד מחיי הקולקטיב, בו הגזעים נשלטים ומבוקרים על ידי אחרים, שם הקולקטיבים משלבים ומכניסים את אלה הממושמעים, ואת אלה שאינם ממושמעים מנכרים או משמידים. אין ספק שממסד מהסוג הזה, למרות שיש לו השפעה ניכרת, אינו יכול להועיל לנמצאים בתוכו. ובכל זאת זו הדרך שרבים מקהילת היקום הגדולה בחרו בה. אנו לא רוצים לראות את האנושות נופלת לידיו של ארגון מסוג זה. זו תהיה טרגדיה נוראה ואובדן גדול.

◆

"כיצד נקודת המבט האנושית שונה משלכם?"

אחד ההבדלים הוא שפיתחנו נקודת מבט של קהילת היקום הגדולה יותר, שהיא דרך פחות אנוכית להסתכל על העולם. זו נקודת מבט המעניקה בהירות רבה ויכולה לספק וודאות רבה ביחס לבעיות הקטנות יותר העומדות בפניכם בענייני היום יום שלכם. אם אתם יכולים לפתור בעיה גדולה אתם יכולים לפתור גם בעיות פחותות וקטנות. יש לכם בעיה גדולה. כל בן אנוש בעולם מתמודד עם הבעיה הגדולה הזו. זה יכול לאחד אתכם ולאפשר לכם להתגבר על ההבדלים והסכסוכים רבי השנים שלכם. זה עד כדי כך גדול ועד כדי כך חזק. זו הסיבה שאנו אומרים כי קיימת אפשרות לגאולה בעצם הנסיבות המאיימות על רווחתכם ועל עתידכם.

אנו יודעים שכוח הידיעה הפנימית בתוך האדם יכול להחזיר את אותו אדם וכל מערכות היחסים שלו לדרגה גבוהה יותר של הישגיות, הכרה ויכולת. עליכם לגלות זאת בעצמכם.

החיים שלנו שונים מאוד. אחד ההבדלים הוא שחיינו מסורים לשירות, שירות שאותו בחרנו. יש לנו את החופש לבחור ולכן הבחירה שלנו היא אמיתית ומשמעותית ומבוססת על ההבנה שלנו. בקבוצה שלנו נציגים מכמה עולמות שונים. התכנסנו מתוך שירות לאנושות. אנו מייצגים ברית גדולה יותר שהיא רוחנית יותר באופייה.

◆

"המסר הזה מגיע דרך אדם אחד. מדוע אתם לא פונים לכולם אם זה כל כך חשוב?"

זה רק עניין של יעילות. אנו לא שולטים במי שנבחר לקבל אותנו. זה עניין של הבלתי נראים, אותם אלה שתוכלו בצדק לכנות "מלאכים". אנו חושבים עליהם בדרך זו. הם בחרו באדם זה, אדם שאין לו שום מעמד בעולם, שאינו מוכר בעולם, אדם שנבחר בגלל תכונותיו ובשל מורשתו בקהילת היקום הגדולה. אנו שמחים שיש אחד שדרכו נוכל לדבר. אם היינו מדברים אל יותר, הם אולי לא היו מסכימים זה עם זה, והמסר היה נהפך למבולבל והיה הולך לאיבוד.

אנו מבינים מההתלמדות שלנו עצמנו שהעברת חוכמה רוחנית נעשית בדרך כלל באמצעות אחד, עם תמיכה של אחרים. על אדם זה לשאת בכובד האחראיות, בנטל ובסיכון הכרוך בלהיבחר לכך. אנו מכבדים אותו ברגע שעשה זאת, ומבינים איזה נטל זה יכול להיות עבורו. יתכן וזה יתפרש באופן שגוי, וזו הסיבה שהחכמים חייבים להישאר מוסתרים. עלינו להישאר מוסתרים. עליו להישאר מוסתר. בדרך זו ניתן למסור את המסר, ולשמר את המסר. שכן תהיה עוינות כלפי המסר הזה. המבקרים יתנגדו לכך וכבר

מתנגדים לו. התנגדותם יכולה להיות משמעותית אך בעיקר מכוונת אל השליח עצמו. מסיבה זו יש להגן על השליח.

אנו יודעים שהתשובות לשאלות אלו יניבו שאלות נוספות. ולא ניתן לענות על רבים מהשאלות הללו, אולי אפילו במשך זמן רב. החכמים בכל מקום חייבים ללמוד לחיות עם שאלות שהם עדיין לא יכולים לענות עליהן. באמצעות הסבלנות וההתמדה שלהם עולות תשובות אמיתיות והם מסוגלים לחוות אותן ולגלם אותן.

* שאלות אלה נשלחו לספריית הידיעה הפנימית החדשה על ידי רבים מהקוראים הראשונים של חומר בעלי הברית.

מילות סיכום

האנושות נמצאת בהתחלה חדשה. היא ניצבת בפני מצב חמור. הצורך בהשכלה והבנה חדשים הוא בעל חשיבות עליונה. אנו כאן כדי לשרת צורך זה על פי בקשתם של הבלתי נראים. הם סומכים עלינו שנשתף את חוכמתנו, שכן אנו חיים ביקום הפיזי, כמובן. אנחנו לא ישויות מלאכיות. אנחנו לא מושלמים. לא השגנו רמות עליונות של מודעות רוחנית והישגים רוחניים. ולכן המסר שלנו אליכם אודות קהילת היקום הגדולה, אנו בטוחים, יהיה רלוונטי יותר ויתקבל בקלות רבה יותר. הבלתי נראים יודעים הרבה יותר מאיתנו על החיים ביקום ועל רמות ההתקדמות וההישגים הקיימים ואשר נהוגים במקומות רבים. עם זאת הם ביקשו מאיתנו לדבר על מציאות החיים הפיזיים מכיוון שאנו מעורבים בכך לחלוטין. ולמדנו באמצעות ניסויים ותהיות משלנו את החשיבות והמשמעות של מה שאנחנו חולקים איתכם.

לפיכך, אנו באים כבעלי הברית של האנושות, משום שכך אנחנו. היו אסירי תודה שיש לכם בעלי ברית שיכולים לעזור לכם ושיכולים להשכיל אתכם ושיוכלו לתמוך בבוחכם, בחופש שלכם ובהישגים שלכם. שכן ללא עזרה זו, הסיכוי לשרוד את סוג ההסתננות הזרה שאתם חווים בעת תהיה מוגבלת מאוד. אכן, יהיו מספר אנשים שיגיעו לידי הבנה של המצב כפי שהוא מתקיים בפועל, אך מספרם לא יהיה גדול מספיק, וקולם לא ישמע.

בכך נוכל רק לבקש את אמונכם. אנו מקווים שבאמצעות חוכמת דברינו ובאמצעות ההזדמנויות שיש לכם ללמוד את משמעות הדברים והרלוונטיות שלהם, שנוכל לרכוש אמון זה במהלך הזמן, שכן יש לכם בעלי ברית בקהילת היקום הגדולה. יש לכם ידידים גדולים מחוץ לעולם שסבלו מהאתגרים שאתם נתקלים בהם עכשיו וזכו להצלחה. מכיוון שנעזרנו, עלינו לסייע לאחרים. זו הברית הקדושה שלנו. לזאת אנו מחויבים בתוקף.

הפתרון

בבסיס שלו,
הפתרון להתערבות אינו קשור
לטכנולוגיה, לפוליטיקה או לכוח צבאי

זה קשור לחידוש רוח האדם.
זה קשור לאנשים המסוגלים להיות מודעים להתערבות ולדבר בנגדה.
זה קשור לכך שמסיימים את הבידוד והלעג
שמונעים מאנשים להביע את מה שהם רואים ויודעים.
זה קשור ליכולת להתגבר על הפחד, ההימנעות, האשליה הדמיונית וההונאה.
זה קשור ליכולת של האנשים להיות חזקים, מודעים ומועצמים.

בעלי הברית של האנושות מספקים את הייעוץ המכריע המאפשר לנו להכיר בהתערבות ולסבל את השפעותיה. לשם כך, בעלי הברית קוראים לנו לממש את התבונה המולדת שלנו ואת זכותנו להגשים את גורלנו כגזע חופשי בקהילת היקום הגדולה.

הגיע הזמן להתחיל.

יש תקווה חדשה
בעולם

התקווה בעולם מתעוררת מחדש על ידי מי שמִתְחזק עם הידיעה. התקווה יכולה לדעוך ואז להתמלא מחדש. נראה שזה יכול לבוא וללכת, תלוי איך אנשים מוטים ומה הם בוחרים לעצמם. התקווה נמצאת איתכם. העובדה שהבלתי נראים כאן לא מחייבת שיש תקווה, כי בלעדיכם לא תהיה שום תקווה. משום שאתם ואחרים כמוכם מביאים תקווה חדשה לעולם על ידי שאתם לומדים לקבל את מתנת הידיעה. זה מביא תקווה חדשה לעולם. אולי אינכם יכולים לראות זאת באופן מלא ברגע זה. אולי זה נראה מעבר להבנתכם. אבל מנקודת מבט גדולה יותר, זה כל כך נכון ומאוד חשוב.

גיחת העולם לקהילת היקום הגדולה מכוונת לכך, שכן אם איש לא יתכונן לקהילת היקום הגדולה, ובכן, נראה שהתקווה מתמעטת. וגורלה של האנושות תהיה כפי הנראה צפויה לחלוטין. אך מכיוון שיש תקווה בעולם, מכיוון שיש תקווה המיוצגת על ידכם ועל ידי אחרים כמוכם המגיבים ונענים לקריאה גדולה יותר, גורלה של האנושות מבטיח יותר, וחופש האנושות עשוי בהחלט להיות מובטח.

ממדרגות לידיעה – לימודי המשך

95

◆

הִתנַגְדוּת

והעצמה

◆

המוסר שבמגע עם חוצנים

בכל צעד ושעל, בעלי הברית מעודדים אותנו לקחת חלק פעיל בהבחנה והתנגדות להתערבות החוצנית המתרחשת בעולמנו כיום. זה כולל הבחנה בזכויות ובסדרי העדיפויות שלנו כאנשים ילידי העולם הזה וקביעת כללי ההתקשרות שלנו הנוגעים לכל מגע בהווה ובעתיד עם גזעי יצורים אחרים.

התבוננות בעולם הטבע ואחורנית דרך ההיסטוריה האנושית מדגימה לנו באופן נמרץ את לקחי ההתערבות: שתחרות על משאבים היא חלק בלתי נפרד מעולם הטבע, שהתערבות של תרבות אחת בתרבות אחרת מתבצעת תמיד לצורך אינטרס אישי ויש לה השפעה הרסנית על התרבות ועל החופש של אלה המתגלים, ושהחזקים תמיד שולטים בחלשים, אם הם יכולים.

אמנם מתקבל על הדעת שאותם גזעי חוצנים המבקרים בעולמנו עשויים להיות חריגים לכלל זה, אך חריגות זו תצטרך להיות מוכחת מעל לכל ספק, על ידי מתן זכות לאנושות להעריך כל הצעה לביקור. זה בהחלט לא קרה. במקום זאת, בניסיון האנושות של קשר עד כה, עקפו את הסמכויות והזכויות הקנייניות שלנו כתושבים ילידים של כוכב זה. "המבקרים" המשיכו עם סדר היום שלהם, מבלי להתחשב באישור האנושות או בהשתתפותה המושכלת.

כפי שמציינים בבירור גם תקצירי בעלי הברית וגם חלק ניכר ממחקרי העב"מים/ חוצנים, מגע וקשר מוסרי אינו מה שמתרחש. אמנם יתכן שגזע זר ישתף אותנו בניסיונם ובחוכמתם מרחוק, כפי שעשו בעלי הברית, אך לא מתאים לגזעים לבוא לכאן בלתי מוזמנים ולנסות להתערב בענייניה של

האנושות, אפילו במסווה שהם כאילו מנסים לעזור לָנוּ. בהתחשב ברמת ההתפתחות של האנושות בתקופה זו כגזע צעיר, אין זה מוסרי לעשות זאת.

לאנושות לא הייתה הזדמנות לקבוע נהלים וכללים משלה של המפגש או להציב את אותם הגבולות שעל כל גזע ילידי לקבוע לביטחונם ושמירתם העצמית. פעולה מסוג זו הייתה משמשת לטיפוח אחדות אנושית ושיתוף פעולה אנושי מכיוון שזה היה מצריך להתכנס ולהתאחד בכדי להשיג זאת. פעולה זו הייתה דורשת מודעות לכך שאנו עם אחד שחולק עולם אחד, שאיננו לבד ביקום וכי יש לבסס ולהגן על גבולותינו לחלל. באופן טרגי, עוקפים בעת את תהליך ההתפתחות ההכרחי הזה.

זה מתוך הצורך לעודד את ההכנות של האנושות למציאות החיים בקהילת היקום הגדולה שנשלחו תקצירי בעלי הברית. ואכן, המסר של בעלי הברית לאנושות הוא הדגמה של מהו באמת מגע וקשר מוסרי. הם שומרים על גישה מעשית, מכבדים את היכולות והסמכות הילידית שלנו תוך שהם מעודדים את החופש והאחדות שהמשפחה האנושית תצטרך כדי לנווט את עתידנו בקהילת היקום הגדולה. בעוד שאנשים רבים כיום מפקפקים בכך שבאנושות יש את הכוח והיושר לעמוד בצרכים ובאתגרים שלה בעתיד, בעלי הברית מבטיחים לנו שכוח זה, הכוח הרוחני של הידיעה, שוכן בכולנו ועלינו להשתמש בו לצורך טובתנו העצמית.

ההכנה לקראת הופעתה של האנושות לקהילת היקום הגדולה ניתנה. שני המערכים, האחד של תקצירי בעלי הברית של האנושות, והשני הספרים של דרך קהילת היקום הגדולה, זמינים לקוראים בכל מקום. ניתן לצפות בהם באתר www.alliesofhumanity.org/he וב- www.newmessage.org/he. יחד הם מספקים את האמצעים לסכל את ההתערבות והאמצעים לצורך התמודדות עם עתידנו בעולם משתנה על סף כניסה לחלל. זו ההכנה היחידה מסוג זה בעולם כיום. זוהי ההכנה אותה דורשים בעלי הברית בדחיפות כה רבה.

בתגובה לתקצירי בעלי הברית, קבוצה של קוראים מסורים יצרו מסמך שכותרתו הצהרת הריבונות האנושית. על פי הצהרת העצמאות של

ארצות הברית, הצהרת הריבונות האנושית מתכוונת לקבוע את אתיקת הקשר ואת כללי ההתקשרות שאנו, כעם הילידים בעולם, זקוקים בעת נואשות בבדי לשמור על חירותה של האנושות וריבונותה. באנשים הילידים בעולם זה, יש לנו את הזכות והאחריות לקבוע מתי וביצד ייערך ביקור ומי עשוי להיכנס לעולמנו. עלינו ליידע זאת את כל העמים והקבוצות ביקום המודעים לקיומנו כי אנו מוגדרים בעצמנו ומתכוונים לממש את זכויותינו ואחריותנו כגזע של אנשים חופשיים בראשית דרכו בקהילת היקום הגדולה. הצהרת הריבונות האנושית היא התחלה וניתן לקרוא אותה באתר www.humansovereignty.org/he.

התנגדות והעצמה

נקיטת פעולה – מה ניתן לעשות

◆

בעלי הברית מבקשים מאיתנו לנקוט עמדה לרווחת עולמנו ולהפוך, בעצם, לבעלי הברית של האנושות בעצמנו. אולם כדי שזה יהיה אמיתי, מחויבות זו צריכה להגיע מתוך המצפון שלנו, החלק העמוק ביותר בעצמנו. יש הרבה דברים שאתם יכולים לעשות כדי לסבל את ההתערבות ולהפוך בעצמכם לכוח חיובי על ידי חיזוק עצמכם ואחרים סביבכם.

חלק מהקוראים הביעו רגשות של ייאוש וחוסר תקווה לאחר שקראו את החומר של בעלי הברית. אם זו התחושה שלכם, חשוב לזכור שכוונת ההתערבות היא להשפיע עליכם כך שתהיו כנועים וסבילים או חסרי אונים וחסרי יכולת מול הנוכחות שלהם. אל תתנו לעצמכם להיות מושפעים באופן הזה. אתם תמצאו את הכוח שלכם על ידי נקיטת פעולה. מה אתם באמת יכולים לעשות? יש הרבה מאוד דברים שאתם יכולים לעשות.

◆

תשכילו וְתֵלַמדו את עצמכם.

ההכנה חייבת להתחיל במודעות ולמידה. אתם חייבים להבין עם מה אתם מתמודדים. תלמדו את עצמכם לגבי תופעת העב"מים / חוצנים. תלמדו את עצמכם לגבי התגליות האחרונות של מדע החלל ואסטרוביולוגיה שעומדות לרשותנו.

קריאה מומלצת

•ראה "מקורות נוספים" בנספח.

◆

התנגדו להשפעה של תוכנית ההרגעה.

התנגדו לתוכנית ההרגעה. תעמדו בפני ההשפעות שגורמות לכם להיות אדישים כלפי הידיעה שלכם ולא מסוגלים להיענות לה. התנגדו להתערבות הזו באמצעות המודעות, באמצעות הסברה ובאמצעות הבנה. תקדמו שיתוף פעולה אנושי, אחדות ויושרה אנושית.

קריאה מומלצת

•רוחניות של קהילת היקום הגדולה, פרק 6: "מהי קהילת היקום הגדולה?" ופרק 11: "לשם מה ההכנה שלכם?"

•לחיות בדרך הידיעה, פרק 1: "לחיות בעולם המתהווה"

◆

תהפכו מודעים לסביבה המנטלית.

ההסביבה המנטלית היא סביבת ההשפעה והמחשבה בה כולנו חיים. ההשפעה שלה על החשיבה שלנו, על הרגשות שלנו ועל המעשים שלנו גדולה אף יותר מהשפעתה של הסביבה הפיזית. הסביבה המנטלית מושפעת בעת ישירות מההתערבות ומשתנה בעקבותיה. היא מושפעת גם מאינטרסים ממשלתיים ומסחריים מסביבנו. תשומת הלב לסביבה המנטלית היא קריטית לשמירה על החופש שלכם לחשוב באופן חופשי וברור. הצעד הראשון שתוכלו לעשות הוא לבחור במודע מי ומה משפיע על החשיבה וההחלטות שלכם באמצעות הקלט שאתם מקבלים מבחוץ. זה כולל מדיה, ספרים וחברים בעלי יכולת שכנוע, אנשי משפחה ואנשי סמכות. תקבעו את ההנחיות שלכם ולמדו כיצד לקבוע בבירור, תוך הבחנה ואובייקטיביות, מה אנשים אחרים ואפילו

התרבות כולה אומרים לכם. כל אחד מאיתנו חייב ללמוד להבחין במודע בהשפעות אלה על מנת להגן ולרומם את הסביבה המנטלית בה אנו חיים.

קריאה מומלצת

·חוכמה מקהילת היקום הגדולה כרך ב', פרק 12: "ביטוי עצמי וסביבה מנטלית" ופרק 15: "היענות לקהילת היקום הגדולה"

◆

לימדו את דרך הידיעה של קהילת היקום הגדולה.

ללמוד את דרך הידיעה של קהילת היקום הגדולה תביא אתכם למגע ישיר עם המודעות הרוחנית העמוקה יותר שהבורא שם בתוככם. ברמת המודעות העמוקה הזו מעבר לשכל שלנו, ברמת הידיעה, אתם בטוחים מפני התערבות ומניפולציה מכל כוח בעולם או בקהילת היקום הגדולה. הידיעה גם מחזיקה עבורכם את מטרתכם הרוחנית הגדולה יותר איתו באתם לעולם בזמן זה. זהו מוקד הרוחניות שלכם. אתם יכולים להתחיל את המסע שלכם בדרך קהילת היקום הגדולה של הידיעה עוד היום על ידי התחלת הלמידה של המדרגות לידיעה הפנימית באינטרנט בכתובת www.newmessage.org/he.

קריאה מומלצת

·הרוחניות של קהילת היקום הגדולה, פרק 4: "מהי הידיעה?"
·לחיות בדרך הידיעה הפנימית: כל הפרקים
·לימוד מדרגות לידיעה הפנימית: ספר הידיעה הפנימית

◆

תקימו קבוצת קריאה של בעלי הברית.

כדי ליצור סביבה חיובית שבה ניתן לשקול באופן עמוק את החומר של בעלי הברית, תצטרפו עם אחרים על מנת להקים קבוצת קריאה של בעלי הברית. מצאנו שכאשר אנשים קוראים את תקצירי בעלי הברית ואת ספרי "דרך הידיעה של קהילת היקום הגדולה" בקול רם עם אחרים במסגרת

קבוצתית תומכת, והם חופשיים לשתף שאלות ותובנות תוך כדי, הבנתם את החומר הולכת וגדלה משמעותית. זו אחת הדרכים בהן תוכלו להתחיל למצוא אחרים החולקים את המודעות והרצון שלכם לדעת את האמת על ההתערבות. אתם יכולים גם להתחיל רק עם אדם אחד אחר בלבד.

קריאה מומלצת

- חוכמה מקהילת היקום הגדולה כרך ב', פרק 10: "ביקורי קהילת היקום הגדולה יותר", פרק 15: "היענות לקהילת היקום הגדולה", פרק 17: "תפיסות המבקרים את האנושות", ופרק 28: "מציאויות של קהילת היקום הגדולה"
- בעלי הברית של האנושות ספר שני: כל הפרקים.

◆

תשָׁמרו ותִישמרו על הסביבה.

בכל יום שעובר אנו לומדים יותר ויותר על הצורך לשמר, להגן ולשקם את הסביבה הטבעית שלנו. גם אם ההתערבות לא הייתה קיימת, זה עדיין היה בראש סדר העדיפויות. אולם המסר של בעלי הברית נותן דחיפות חדשה והבנה חדשה בצורך ליצור שימוש בר קיימא במשאבי הטבע של עולמנו. בצורך להיות מודעים לאופן שבו אנו חיים ומה אנו צורכים ולמצוא מה אנו יכולים לעשות כדי לתמוך בסביבה. בהתאם למה שמדגישים בעלי הברית, העצמאות שלנו כגזע תהיה הכרחית על מנת להגן על החופש וההתקדמות שלנו בתוך קהילת היקום הגדולה יותר של חיים תבוניים.

קריאה מומלצת

- חוכמה מקהילת היקום הגדולה כרך א', פרק 14: "התפתחות עולמית"
- חוכמה מקהילת היקום הגדולה כרך ב', פרק 25: "סביבות טבעיות"

◆

תפיצו את המסר על תקצירי בעלי הברית של האנושות.

השיתוף שלכם אודות המסר של בעלי הברית עם אחרים חשוב ביותר מהסיבות הבאות:

– אתם עוזרים לשבור את הדממה המשתקת האופפת את המציאות החוצנית ואת מחזה הבלהות של ההתערבות החוצונית.
– אתם עוזרים לבטל את הריחוק המונע מאנשים להתחבר אחד עם השני אל מול האתגר הגדול הזה.
– אתם מעוררים את אלה שנפלו תחת השפעתה של תוכנית ההרגעה, ונותנים להם הזדמנות להעריך מחדש בתבונתם העצמית את משמעותה של תופעה זו.
– אתם מחזקים את הנחישות בתוככם ובתוך אחרים לא להיכנע לפחד ולא להימנע מלהתמודד עם האתגר הגדול הזה של זמננו.
– אתם מספקים אישור לתובנות ולידיעה של אנשים אחרים אודות ההתערבות.
– אתם עוזרים לבסס את ההתנגדות שיכולה לסכל את ההתערבות ולקדם את ההעצמה שיכולה לתת לאנושות את האחדות והכוח לקבוע כללי יצירת מגע ראשוני משלנו.

הנה במה צעדים קונקרטיים שאתם יכולים לנקוט היום:

– שתפו את הספר הזה ואת המסר שלו עם אחרים. כל מערך התקצירים הראשון זמין לקריאה ולהורדה ללא עלות באתר בעלי הברית: www.alliesofhumanity.org/he.
– קראו את הצהרת הריבונות של האנושות ושתפו את המסמך בעל הערך הזה עם אחרים. ניתן לקרוא אותו באופן מקוון ולהדפיסו בכתובת www.humansovereignty.org/he.

– עודדו את חנות הספרים והספרייה המקומית שלכם לבלול את שני הכרכים של בעלי הברית של האנושות ואת שאר הספרים מאת מרשל ויאן סאמרס. זה מגדיל את הגישה לחומר עבור קוראים אחרים.
– שתפו את החומר ונקודת המבט של בעלי הברית בפורומים מקוונים וקבוצות דיון קיימות במידת הצורך.
– השתתפו בכנסים והתכנסויות הקשורות לנושא ושתפו את נקודת המבט של בעלי הברית.
– תרגמו את תקצירי בעלי הברית. אם אתם רב לשוניים, אנא תשקלו לעזור לתרגם את התקצירים על מנת להפוך אותם לזמינים לקוראים נוספים ברחבי העולם.
– צרו קשר עם ספריית הידיעה החדשה בדי לקבל חבילת הסברה של בעלי הברית בחינם עם חומרים שיבולים לעזור לכם לשתף את המסר הזה עם אחרים.

קריאה מומלצת

• לחיות את דרך הידיעה הפנימית, פרק 9: "לחלוק את דרך הידיעה עם אחרים"
• חוכמה מקהילת היקום הגדולה כרך ב', פרק 19: "אומץ"

◆

זו בשום אופן לא רשימה מלאה. זוהי רק התחלה. התבוננו בחיים שלכם וראו אילו הזדמנויות עשויות להתקיים שם, והיו פתוחים לידיעה שלכם ולתובנות בעניין זה. בנוסף לביצוע הדברים המפורטים לעיל, אנשים כבר מצאו דרכים יצירתיות לבטא את המסר של בעלי הברית - דרך אמנות, דרך מוסיקה, דרך שירה. תמצאו את הדרך שלכם.

מסר מאת מרשל ויאן סאמרס

במשך 25 שנה אני שקוע כולי בחוויה דתית. זה הביא לכך שקיבלתי גוף עצום של כתבים על אופי הרוחניות האנושית וגורלה של האנושות בתוך פנורמה גדולה יותר של חיים תבוניים ביקום. כתבים אלה, המקיפים את ההוראה ב"דרך הידיעה של קהילת היקום הגדולה", מכילים מסגרת תיאולוגית המתחשבת בחיים ובנוכחותו של אלוהים בקהילת היקום הגדולה, המרחב העצום של חלל וזמן שאנו יודעים שהם היקום שלנו.

הקוסמולוגיה שקיבלתי מכילה מסרים רבים, אחד מהם הוא שהאנושות מגיחה אל קהילת היקום הגדולה יותר של חיים תבוניים ולשם כך עלינו להתכונן. מובנֶה בתוך מסר זה היא ההבנה שהאנושות איננה לבדה ביקום, ואפילו לא לבד בתוך עולמנו שלנו, וכי בתוך קהילת היקום הגדולה הזו לאנושות יהיו ידידים, מתחרים ויריבים.

מציאות גדולה יותר זו אושרה באופן דרמטי על ידי העברתם הפתאומית והבלתי צפויה של המערך הראשון של תקצירי בעלי הברית של האנושות בשנת 1997. שלוש שנים קודם לכן, בשנת 1994, קיבלתי את המסגרת התיאולוגית להבנת תקצירי בעלי הברית בספרי "רוחניות של קהילת היקום הגדולה יותר: התגלות חדשה". באותה נקודה, כתוצאה מעבודתי וכתביי הרוחניים, נודע לי כי לאנושות יש בעלי ברית ביקום הדואגים לרווחתה ולחופש העתידי של הגזע שלנו.

בתוך הקוסמולוגיה ההולכת וגדלה שנחשפה בפניי נמצאת ההבנה כי בהיסטוריה של החיים התבוניים ביקום, על הגזעים המתקדמים מבחינה אתית חובה להוריש את חוכמתם לגזעים צעירים מתעוררים כמו שלנו וכי הורשה

זו חייבת להתקיים ללא הפרעות ישירות או התערבות כלשהי בענייני אותו גזע צעיר. הכוונה כאן היא ליידע, לא להפריע. "העברת חוכמה" זו מייצגת מסגרת אתית ארוכת שנים לגבי מגע עם גזעים מתפתחים ואופן ההתנהלות שלו. שתי המערכות של תקצירי בעלי הברית של האנושות הן הדגמה ברורה למודל זה של אי-הפרעה ומגע אתי. מודל זה צריך להיות אור מנחה וסטנדרט שעלינו לצפות מגזעים אחרים שיאחזו בו בניסיון ליצור איתנו קשר או לבקר בעולמנו. אולם הפגנה זו של מגע אתי עומדת בניגוד מוחלט להתערבות המתרחשת בעולם כיום.

אנו נכנסים למצב של פגיעות קיצונית. עם מחזה הבלהות של דלדול משאבים, הידרדרות סביבתית והסכנה של פילוג מתמשך של המשפחה האנושית אשר גדל מדי יום ביומו, אנו בשלים להתערבות. אנו חיים בבידוד לכאורה בעולם עשיר ובעל ערך אותו מבקשים אחרים מעבר לחופינו. אנחנו מוסחים ומפולגים ולא רואים את הסכנה הגדולה שמתערבת ומתעסקת בקצוות נחלתנו. זו תופעה אשר חזרה על עצמה בהיסטוריה שוב ושוב בנוגע לגורלם של עמים ילידים מבודדים שעמדו בפני התערבות בפעם הראשונה. אנחנו לא מציאותיים בהנחות שלנו לגבי הכוחות והתועלת של חיים תבוניים ביקום. ורק עכשיו אנחנו בתחילתו של עשיית חשבון נפש על המצב שיצרנו לעצמנו בתוך העולם שלנו.

האמת המודחקת היא שהמשפחה האנושית אינה מוכנה לחוויה ישירה של קשר ובוודאי לא מוכנה להתערבות. ראשית עלינו לעשות סדר בבית שלנו. עדיין אין לנו את בשלות המינים לעסוק בגזעים אחרים בקהילת היקום הגדולה ממצב של אחדות, כוח והבחנה. ועד שנוכל להגיע לעמדה כזו, אם בכלל נצליח, אז אף גזע לא צריך לנסות להתערב ישירות בעולמנו. בעלי הברית מספקים לנו חוכמה ופרספקטיבה נחוצים, אבל הם אינם מתערבים. הם אומרים לנו שגורלנו נמצא, וצריך להיות, בידינו. כזה הוא נטל החירות ביקום.

אולם ללא קשר לחוסר המוכנות שלנו, ההתערבות מתרחשת. האנושות חייבת להיערך בעת לכך, הסף המשמעותי ביותר בהיסטוריה האנושית. במקום להיות רק עדים מזדמנים לתופעה זו, אנו נמצאים במרכזה. היא

קוראת בין אם אנו מודעים לכך ובין אם לא. בכוחה לשנות את התוצאה הסופית עבור האנושות. וזה קשור למי שאנחנו ומדוע אנחנו כאן בעולם בזמן הזה.

דרך הידיעה של קהילת היקום הגדולה ניתנה על מנת לספק הן את ההוראה והן את ההכנה הדרושה לנו בעת בדי להתמודד עם ספ גדול זה, לחדש את רוח האדם ולהגדיר מסלול חדש למשפחה האנושית. היא מדברת על הצורך הדחוף באחדות ושיתוף פעולה אנושי; חשיבותה העליונה של הידיעה, התבונה הרוחנית שלנו; והאחריות הגדולה יותר שעלינו לקחת בעת בהיותנו על ספ מרחבי החלל. היא מייצגת מסר חדש מבורא עולם.

המשימה שלי היא להביא את הקוסמולוגיה הגדולה וההבנה הגדולה יותר לעולם ואיתם תקווה והבטחה חדשה לאנושות נאבקת. ההכנה הארוכה שעברתי וההוראה העצומה בדרך הידיעה של קהילת היקום הגדולה נמצאים כאן למטרה זו. תקצירי בעלי הברית של האנושות הם רק חלק קטן מהמסר הגדול יותר הזה. הגיע הזמן לסיים את הסכסוכים הבלתי פוסקים ולהתבונן לחיים בקהילת היקום הגדולה. לשם כך אנו זקוקים להבנה חדשה של עצמנו בגזע אחד - הגזע הילידי של העולם הזה, הנולד מרוחניות אחת - ועל המעמד הפגיע שלנו בגזע צעיר ומתעורר ביקום. זה המסר שלי לאנושות וזו הסיבה שבאתי לעולם.

מרשל ויאן סאמרס

2008

נספחים

◆

הגדרת מושגים

בעלי הברית של האנושות: קבוצה קטנה של יצורים פיזיים מקהילת היקום הגדולה המסתתרים בסביבת העולם במערכת השמש שלנו. המשימה שלהם היא להתבונן, לדווח ולייעץ לנו על פעילויות המבקרים הזרים והתערבותם בעולם כיום. הם מייצגים את בעלי החכמה בעולמות רבים.

המבקרים: כמה גזעים זרים אחרים מקהילת היקום הגדולה אשר "מבקרים" בעולמנו ללא רשותנו שמתערבים באופן פעיל בעניינים אנושיים. המבקרים מעורבים בתהליך ארוך של שילוב עצמם במרקם ובמודעות החיים האנושיים לצורך השגת שליטה במשאבי העולם ובאנשים.

ההתערבות: נוכחותם של המבקרים החיזריים, מטרתם והפעילות שלהם בעולם.

תוכנית ההרגעה: תבנית השכנוע וההשפעה של המבקרים שמטרתה לנטרל את המודעות של האנשים ויכולת ההבחנה שלהם באשר להתערבות על מנת להפוך את האנושות לפאסיבית וצייתנית.

קהילת היקום הגדולה: החלל. היקום הפיזי והרוחני העצום אליו מגיחה האנושות, המכיל חיים תבוניים באינספור ביטויים.

הבלתי נראים: מלאכי הבורא המפקחים על התפתחותם הרוחנית של ישויות חיות בכל קהילת היקום הגדולה. בעלי הברית מתייחסים אליהם באל "הבלתי נראים".

ייעוד אנושי: האנושות אמורה להגיח אל קהילת היקום הגדולה. זו האבולוציה שלנו.

הקולקטיבים: ארגונים היררכיים מורכבים המכילים כמה גזעים זרים המחויבים בנאמנות משותפת אחד לשני. יש היום יותר מקולקטיב אחד בעולם שאליו משתייכים המבקרים הזרים. לקולקטיבים אלה יש תוכניות מתחרות.

הסביבה המנטלית: סביבת המחשבה וההשפעה המנטלית.

הידיעה: התבונה הרוחנית שחיה בתוך כל אדם. המקור לכל מה שאנחנו יודעים. הבנה פנימית. חוכמה נצחית. החלק הנצחי שלנו שאינו יכול להיות מושפע, מתומרן או שניתן להשחית. פוטנציאל הקיים בכל החיים התבוניים. הידיעה היא אלוהים שבכם ואלוהים הוא כל הידיעה ביקום.

דרכי התובנה: תורות שונות בדרך הידיעה הנלמדות בעולמות רבים בקהילת היקום הגדולה.

דרך הידיעה של קהילת היקום הגדולה: הוראה רוחנית מהבורא הנהוגה במקומות רבים בקהילת היקום הגדולה. היא מלמדת כיצד לחוות ולהביע את הידיעה וכיצד לשמר את חופש הפרט ביקום. הוראה זו נשלחה לכאן כדי להכין את האנושות למציאות החיים בקהילת היקום הגדולה.

תגובות על
בעלי הברית של האנושות

"התרשמתי מאוד מבעלי הברית של האנושות. . . כי המסר מצלצל נבון. מגעי מב"ם, אפקטים קרקעיים, קלטות וידאו וסרטים מוכיחים שעב"מים אמיתיים. כעת עלינו לשקול את השאלה האמיתית: סדר היום של דייריהם. בעלי הברית של האנושות מתעמת בעוצמה עם נושא זה, נושא שעשוי להיות קריטי לעתיד האנושות."

—ג'ים מארס, מחבר הספר
סדר היום החייזרי: חקירת הנוכחות
החוץ-ארצית בקרבנו

"לאור עשרות שנים בהם חקרתי הן תקשור והן ufology / extraterrestriology, יש לי תגובה חיובית מאוד גם לסאמרס בערוץ לתקשור וגם למסר של המקורות המתקשרים שלו בספר זה. אני מתרשם עמוקות מיושרו באדם, בנשמה ובערוץ אמיתי. במסר שלהם ובהתנהגותם, גם סאמרס וגם מקורותיו מדגימים בפניי בצורה משכנעת אוריינטציה של שירות בלפי האחר מול אוריינטציה כל כך רבה אנושית, ובעת כנראה גם חוצנית, של שירות של העצמי. למרות המסר הרציני ומלא אזהרה של הספר הזה הוא מרגש את רוחי בהבטחה של הפלאים שמחכים למין שלנו בעודנו מצטרפים לקהילת היקום הגדולה. באותו הזמן עלינו למצוא ולקבל גישה ליחס המולד שלנו לבוראנו כדי להבטיח שלא יתבצע מניפולציה או ניצול יתר על המידה מצד במה מחברי קהילת היקום הגדולה יותר בתהליך הזה. "

—ג'ון קלימו, מחבר הספר
תקשור: חקירות על
קבלת מידע מאת
מקורות על-טבעיים

"לימוד תופעת החטיפות על ידי עב"מים / חייזרים במשך 30 שנה היה כמו לחבר פאזל ענק. סוף סוף הספר שלך נתן לי מסגרת להתאמת החלקים שנותרו."

—אריק שוורץ,
LCSW (עובד סוציאלי מוסמך) ,
קליפורניה

"האם יש ארוחות חינם בקוסמוס? בעלי הברית של האנושות מזכירים לנו בצורה החזקה ביותר, אין."

—איליין דגלאס,
מנהלת שותפה מדינתית של
MUFON, יוטה

"לבעלי הברית יהיה הד גדול בקרב האוכלוסייה דוברת הספרדית ברחבי העולם. אני יכול להבטיח זאת! כל כך הרבה אנשים, לא רק במדינה שלי, שנלחמים על זכויותיהם לשמור על תרבותם! הספרים שלך רק מאשרים את מה שניסו לספר לנו בכל כך הרבה דרכים, במשך כל כך הרבה זמן. "

—ינגריד קבררה, מקסיקו

הספר הזה הדהד עמוק בתוכי. בעיניי, [בעלי הברית של האנושות] הוא לא פחות מפורץ דרך. אני מכבד את הכוחות, אנושיים ואחרים, שהביאו את הספר הזה לידי קיום, ואני מתפלל שיקשיבו לאזהרתו הדחופה."

—ריימונד צ'ונג , סינגפור

חלק ניכר מהחומר של בעלי הברית מהדהד עם מה שלמדתי להכיר, או להרגיש באופן אינסטינקטיבי שהוא אמיתי."

—טימות'י גוּד, חוקר עב"מים בריטי

מחבר הספר

מעבר לסודי ביותר חשיפה חשאית

וארצית

לעיון נוסף

בעלי הברית של האנושות עוסק בשאלות בסיסיות אודות המציאות, הטבע והמטרה של הנוכחות החוצונית בעולם כיום. עם זאת, ספר זה מעלה שאלות רבות נוספות אשר יש לבחון באמצעות המשך לימוד. ככזה, הוא משמש זרז למודעות רבה יותר וקריאה לפעולה.

עבור מידע נוסף, ישנם שני נתיבים שהקורא יכול אחריהם לעקוב, בנפרד או יחדיו. הנתיב הראשון הוא חקר תופעת העב"מים / חייזרים עצמה, שתועדה באופן נרחב בארבעת העשורים האחרונים על ידי חוקרים המייצגים נקודות מבט רבות ושונות. בעמודים הבאים פירטנו כמה משאבים חשובים בנושא זה שלדעתנו הם רלוונטיים במיוחד לחומר בעלי הברית. אנו מעודדים את כל הקוראים להיות מושכלים יותר לגבי תופעה זו.

הנתיב השני מיועד לקוראים המעוניינים לחקור את ההשלכות הרוחניות של התופעה ואת מה שאתם יכולים לעשות בבדי להתבונן. לשם כך אנו ממליצים על כתבי מרשל ויאן סאמרס המפורטים בדפים הבאים.

כדי להישאר מעודכן אודות חומרים חדשים הקשורים לבעלי הברית של האנושות, אנא בקרו באתר בעלי הברית בכתובת: www.alliesofhumanity.org/he. למידע נוסף על דרך הידיעה של קהילת היקום הגדולה, בקרו בכתובת: www.newmessage.org/he.

מקורות נוספים

להלן רשימה מקדימה של מקורות בנושא תופעת העב"מים / חייזרים. זה לא נועד בשום אופן להיות ביבליוגרפיה ממצה על הנושא, אלא רק מקום בו ניתן להתחיל. לאחר שהמחקר שלכם על מציאות התופעה יחל, יהיו לכם יותר ויותר חומרים לחקור, על ידי מקורות אלה ואחרים. מומלץ תמיד לגלות יכולת הבחנה.

ספרים

Berliner, Don: *UFO Briefing Document*, Dell Publishing, 1995.

Bryan, C.D.B.: *Close Encounters of the Fourth Kind: Alien Abduction, UFOs and the Conference at MIT*, Penguin, 1996.

Dolan, Richard: *UFOs and the National Security State: Chronology of a Coverup*, 1941-1973, Hampton Roads Publishing, 2002.

Fowler, Raymond E.: *The Allagash Abductions: Undeniable Evidence of Alien Intervention*, 2nd Edition, Granite Publishing, LLC, 2005.

Good, Timothy: *Unearthly Disclosure*, Arrow Books, 2001.

Grinspoon, David: *Lonely Planets: The Natural Philosophy of Alien Life*, Harper Collins Publishers, 2003.

Hopkins, Budd: *Missing Time*, Ballantine Books, 1988.

Howe, Linda Moulton: *An Alien Harvest*, LMH Productions, 1989.

Jacobs, David: *The Threat: What the Aliens Really Want*, Simon
& Schuster, 1998.

Mack, John E.: *Abduction: Human Encounters with Aliens*,
Charles Scribner's Sons, 1994.

Marrs, Jim: *Alien Agenda: Investigating the Extraterrestrial
Presence Among Us*, Harper Collins, 1997.

Sauder, Richard: *Underwater and Underground Bases*,
Adventures Unlimited Press, 2001.

Turner, Karla: *Taken: Inside the Alien-Human Abduction
Agenda*, Berkeley Books, 1992.

תקליטורים

*The Alien Agenda and the Ethics of Contact with Marshall Vian
Summers*, MUFON Symposium, 2006. Available through
New Knowledge Library.

The ET Intervention and Control in the Mental Environment,
with Marshall Vian Summers, Conspiracy Con, 2007.
Available through New Knowledge Library.

*Out of the Blue: The Definitive Investigation of the UFO
Phenomenon*, Hanover House, 2007.

אתרי אינטרנט

www.humansovereignty.org/he
www.alliesofhumanity.org/he
www.newmessage.org/he

קטעים נבחרים מהספרים של
המסר החדש מאלוהים

"אתם לא רק בני אדם בעולם האחד הזה. אתם אזרחים בקהילת היקום הגדולה של עולמות. זהו היקום הפיזי שאתם מזהים באמצעות החושים שלכם. זה הרבה יותר גדול ממה שאתם יכולים להבין עכשיו ... אתם אזרחים ביקום פיזי גדול יותר. זה מאשר לא רק את השושלת שלכם ואת המורשת שלכם, אלא גם את הייעוד שלכם בחיים בזמן הזה, שבן עולמה של האנושות הולך ומגיח לתוך החיים של קהילת היקום הגדולה של עולמות. זה ידוע לכם, אף על פי שאמונותיכם עדיין אינן יכולות להסביר זאת."

—מדרגות לידיעה:
מדרגה 187: אני אזרח של
קהילת היקום הגדולה של עולמות

"הגעתם לעולם בנקודת מפנה נהדרת, נקודת מפנה שרק את חלקה תראו בחיים שלכם. זוהי נקודת מפנה בה העולם שלכם זוכה למגע עם העולמות בסביבתו. זו האבולוציה הטבעית של האנושות, כפי שהיא האבולוציה הטבעית של כל החיים התבוניים בכל העולמות."

—מדרגות לידיעה:
מדרגה 190: העולם
מגיח לתוך קהילת היקום הגדולה

של עולמות

וזו הסיבה שבאת

"יש לכם חברים נהדרים מעבר לעולם זה. לכן האנושות מבקשת להיכנס לקהילת היקום הגדולה מכיוון שקהילת היקום הגדולה מייצגת מגוון רחב יותר של מערכות היחסים האמיתיות שלה. יש לכם חברים אמיתיים מעבר לעולם כי אתם לא לבד בעולם ואתם לא לבד בקהילת היקום הגדולה של עולמות. יש לכם חברים מעבר לעולם זה כי למשפחה הרוחנית שלכם יש את הנציגים שלה בכל מקום. יש לכם חברים מעבר לעולם זה מכיוון שאתם עמלים לא רק על האבולוציה של עולמכם אלא גם על התפתחות היקום. מעבר לדמיון שלכם, מעבר ליכולות הרעיוניות שלכם, זה בהחלט נכון."

—מדרגות לידיעה:
מדרגה 211: יש לי חברים נהדרים
מעבר לעולם זה.

"אל תגיבו בתקווה. אל תגיבו בפחד. תגיבו עם הידיעה."

– חוכמה מקהילת היקום
הגדולה ברך 2
פרק 10: ביקורים של
קהילת היקום הגדולה

"למה זה קורה?" המדע לא יכול לענות על כך. ההיגיון לא יכול לענות על כך. חשיבה חיובית לא יכולה לענות על כך. הגנה עצמית מפוחדת אינה יכולה לענות על כך. מה יכול לענות על כך? עליכם לשאול את השאלה הזו בחשיבה מסוג אחר, להסתכל עם סוג אחר של עיניים ולחוות כאן חוויה אחרת."

— חוכמה מקהיל היקום
הגדולה כרך 2
פרק 10: ביקורים של קהילת
היקום הגדולה

"עליכם לחשוב על אלוהים בעת בהקשר של קהילת היקום הגדולה - לא אלוהים אנושי, לא אלוהי ההיסטוריה הכתובה שלכם, לא אלוהי הניסיונות והצרות שלכם, אלא אלוהי כל הזמנים, כל הגזעים, כל המימדים, עבור אלה שהם פרימיטיביים ואלה שהם מתקדמים, לאלה שחושבים כמוכם ולאלה שחושבים כל כך אחרת, לאלה שמאמינים ולמען מי שהאמונה בלתי ניתנת להסבר עבורם. זה אלוהים בקהילת היקום הגדולה. וזה המקום שבו עליכם להתחיל."

— רוחניות של קהילת היקום הגדולה
פרק 1: מהו אלוהים?

"זקוקים לכם בעולם. הגיע הזמן להתבונן. הגיע הזמן להיות ממוקדים ונחושים. אין מנוס מכך, כי רק לאלה שהתקדמו ב"דרך הידיעה" תהיה יכולת בעתיד ויוכלו לשמור על חירותם בסביבה מנטלית שתושפע יותר ויותר מקהילת היקום הגדולה."

— לחיות בדרך הידיעה:
פרק 6: עמוד התווך
של התפתחות רוחנית

"אין כאן גיבורים. אין כאן למי לסגוד. כאן ישנם יסודות עליהם יש לבנות. יש עבודה לעשות. יש הכנה לעבור. ויש עולם שלם לשרת."

– לחיות בדרך הידיעה:
פרק 6: עמוד התווך
של התפתחות רוחנית

"דרך הידיעה של קהילת היקום הגדולה מוצגת בעולם, היכן שהיא לא ידועה. אין לה היסטוריה ואין לה רקע כאן. אנשים לא רגילים לזה. זה לא בהכרח משתלב עם הרעיונות, האמונות או הציפיות שלהם. זה לא תואם את ההבנה הדתית הנוכחית בעולם. זה בא בצורה עירומה - בלי טקסים וטקסיות, בלי שפע והגזמה. זה בא בצורה טהורה ופשוטה. זה כמו ילד שבא לעולם. נראה שהוא פגיע, ובכל זאת הוא מייצג מציאות גדולה יותר והבטחה גדולה יותר לאנושות."

– רוחניות של קהילת היקום הגדולה:
פרק 22: היכן ניתן למצוא את הידיעה?

"יש באלה בקהילת היקום הגדולה שחזקים מכם. הם יכולים להערים עליכם, אך רק אם אינכם מסתכלים. הם יכולים להשפיע על החשיבה שלכם, אבל הם לא יכולים לשלוט בה אם אתם עם הידיעה. "

– לחיות בדרך הידיעה:
פרק 10: להיות נוכח
בעולם

"האנושות גרה בבית גדול מאוד. חלק מהבית בוער. ואחרים מבקרים כאן בדי לקבוע ביצד ניתן לכבות את האש לטובתם."

– לחיות בדרך הידיעה:
פרק 11: הכנה לקראת
העתיד

"צאו בלילה בהיר והסתכלו למעלה. שם הגורל שלכם. שם הקשיים שלכם. שם ההזדמנויות שלכם. שם הגאולה שלכם."

— רוחניות של קהילת היקום הגדולה:
פרק 15: מי משרת
את האנושות?

"לעולם אל תניחו שיש תבונה גדולה יותר בגזע מתקדם, אלא אם כן הוא חזק עם הידיעה. למעשה, הם עשויים להיות מבוצרים כנגד הידיעה במוכם. יש לאתגר הרגלים, טקסים, מוסדות ובעלי סמכות ותיקים מתוך עדויות קיום הידיעה. זו הסיבה שגם בקהילת היקום הגדולה, האיש או האישה של הידיעה הם כוח רב עוצמה."

— מדרגות לידיעה:
רמות עליונות

"הנועזות שלכם בעתיד לא צריכה להיווצר מתוך העמדת פנים, אלא להיווצר מהוודאות שלכם בידיעה. באופן זה, אתם תהיו מפלט של שלום ומקור עושר לאחרים. זה מה שאתם אמורים להיות. זו הסיבה שבאתם לעולם."

— מדרגות לידיעה:
מדרגה 162: לא אפחד היום.

"זה לא זמן קל להיות בעולם, אבל אם תרומה היא המטרה והכוונה שלכם, זה הזמן הנכון להיות בעולם."

— רוחניות של קהילת היקום הגדולה:
פרק 11: לקראת מה
ההבנה שלכם?

"כדי שתוכלו לבצע את משימתכם, צריך שיהיה לכם בעלי ברית גדולים כי אלוהים יודע שאתם לא יכולים לעשות זאת לבד."

– רוחניות של קהילת היקום הגדולה:
פרק 12: עם מי תפָגשו?

"הבורא לא יעזוב את האנושות ללא הכנה לקהילת היקום הגדולה. ולשם כך מוצגת דרך הידיעה של קהילת היקום הגדולה. היא נולדה מהרצון הגדול של היקום. היא מועברת באמצעות מלאכי היקום המשרתים את הופעת הידיעה בכל מקום ואשר מטפחים מערכות יחסים שיכולות לגלם את הידיעה בכל מקום. עבודה זו היא עבודת השכינה בעולם, לא להביא אתכם אל השכינה, אלא להביא אתכם לעולם, כי העולם זקוק לכם. לכן נשלחתם לכאן. לכן בחרתם להגיע. ובחרתם לבוא לשרת ולתמוך בגיחת העולם לקהילת היקום הגדולה, שכן זהו הצורך הגדול של האנושות בזמן זה, והצורך הגדול הזה יאפיל על כל צרכי האנושות בעתיד."

– רוחניות של קהילת היקום הגדולה:
מבוא

אודות הסופר

אף על פי שהוא לא כל כך מוכר בעולם כיום, מרשל ויאן סאמרס עשוי להיות ידוע בסופו של דבר כמורה הרוחני המשמעותי ביותר שצמח בזמנים אלו. במשך יותר מעשרים שנה הוא בשקט כותב ומלמד רוחניות אשר מכירה במציאות הבלתי ניתנת להכחשה שהאנושות חיה ביקום עצום ומאוכלס ועכשיו היא זקוקה בדחיפות להיערך לקראת גיחתה אל קהילת היקום הגדולה יותר של חיים תבוניים.

מרשל ויאן סאמרס מלמד את דרך הידיעה, או דרך הידיעה הפנימית. "האינטואיציה העמוקה ביותר שלנו", הוא אומר, "אינה אלא ביטוי חיצוני לכוח הגדול של הידיעה". ספריו "מדרגות לידיעה: ספר הידיעה הפנימית", זוכה פרס ספר השנה לרוחניות בארצות הברית בשנת 2000, ו"רוחניות של קהילת היקום הגדולה: התגלות חדשה" יחד מהווים בסיס שיכול להיחשב ל"תיאולוגית הקשר" הראשונה. המכלול של יצירותיו, בעשרים כרכים, אשר קומץ בלבד ממנו כבר פורסם היום על ידי ספריית הידיעה החדשה, עשוי בהחלט לייצג אחד מההוראות הרוחניות המקוריות והמתקדמות ביותר שהופיעו בהיסטוריה המודרנית. הוא גם מייסד האגודה לדרך הידיעה של קהילת היקום הגדולה, ארגון דתי ללא מטרות רווח.

עם "בעלי הברית של האנושות", מרשל ויאן סאמרס הופך אולי למורה הרוחני הגדול הראשון שמשמיע אזהרה ברורה לגבי האופי האמיתי של ההתערבות המתרחשת כיום בעולם, וקורא לאחריות אישית, הכנה ומודעות קולקטיבית. הוא הקדיש את חייו לקבלת דרך הידיעה של קהילת היקום הגדולה, מתנה לאנושות מהבורא. הוא מחויב להביא את המסר החדש

הזה מאלוהים לעולם. לקריאה אודות המסר החדש באינטרנט, בקרו באתר
www.newmessage.org/he.

אודות האגודה

לאגודה לדרך הידיעה של קהילת היקום הגדולה יש משימה גדולה בעולם. בעלי הברית של האנושות הציגו את בעיית ההתערבות ואת כל מה שהיא מציינת. בתגובה לאתגר חמור זה ניתן פתרון בתורה הרוחנית הנקראת "דרך הידיעה של קהילת היקום הגדולה". הוראה זו מספקת את נקודת המבט של קהילת היקום הגדולה יותר ואת ההכנה הרוחנית שהאנושות תזדקק לה בדי לשמור על זכות ההגדרה העצמית שלנו ולתפוס בהצלחה את מקומנו בעולם המתגבש בתוך יקום גדול יותר של חיים תבוניים.

משימתה של האגודה היא להציג את המסר החדש הזה לאנושות באמצעות הפרסומים שלה, אתרי האינטרנט שלה, תוכניות חינוכיות, הזדמנויות לחשיבה והעמקה, והתכנסויות של הפוגה. מטרת האגודה היא לגדל נשים וגברים עם הידיעה שיהיו החלוצים בהכנה לקהילת היקום הגדולה בעולם כיום ולהתחיל למתן את השפעת ההתערבות. נשים וגברים אלו יהיו אחראים לחיזוק הידיעה והחייאת החכמה בעולם בכל שהמאבק על חירות האנושות יתגבר. האגודה הוקמה בשנת 1992 כארגון דתי ללא מטרות רווח על ידי מרשל ויאן סאמרס. במהלך השנים התכנסה קבוצה של תלמידים מסורים בדי לסייע לו באופן ישיר. האגודה נתמכת ומתוחזקת על ידי גרעין זה של תלמידים מסורים המחויבים להביא מודעות והכנה רוחנית חדשה לעולם. המשימה של האגודה דורשת תמיכה והשתתפות של אנשים רבים נוספים. בהתחשב בחומרת מצבו של העולם, יש צורך דחוף בידיעה ובהכנה. לפיכך, האגודה קוראת לגברים ונשים בכל מקום לסייע לנו במתן מתנת המסר החדש הזה לעולם בנקודת המפנה הקריטית הזו בהיסטוריה שלנו.

בעמותה דתית ללא מטרות רווח, האגודה נתמכת כולה באמצעות פעילות התנדבותית, מעשר ותרומות. עם זאת, הצורך הגובר להגיע לאנשים ברחבי העולם ולהכינם עולה על יכולתה של האגודה למלא את משימתה. אתם יכולים להיות חלק מהמשימה הגדולה הזו באמצעות תרומתכם. שתפו את המסר של בעלי הברית עם אחרים. עזרו להעלות את המודעות לעובדה שאנחנו אנושות אחת ועולם אחד המגיחים לזירה גדולה יותר של חיים תבוניים. הפכו לתלמידים של דרך הידיעה. ואם אתם במצב שאתם יכולים לתרום למשימה הגדולה הזו או אם אתם מכירים מישהו שכן, אנא פנו לאגודה. תרומתכם נחוצה בעת על מנת לאפשר את הפצת המסר הקריטי של בעלי הברית ברחבי העולם וכדי לסייע בהפיכת המהלך לטובתה של האנושות.

◆

"אתם ניצבים על סף קבלתו
של משהו בסדר גודל הגדול ביותר,
משהו שלו זקוקים בעולם-
משהו שמועבר
לעולם ומתורגם לתוך
העולם.
אתם בין הראשונים
אשר מקבלים את זה.
קבלו זאת היטב. "

רוחניות של קהילת היקום הגדולה
האגודה לדרך הידיעה של
קהילת היקום הגדולה

P.O. Box 1724 • Boulder, CO 80306-1724
ת.ד. 1724 בולדר, קולורדו 80306-1724
fax (303) 938-1214, 938-8401 (303)
(303) 938-1214 פקס ,(938-8401 (303
society@newmessage.org

www.alliesofhumanity.org   www.newmessage.org

אודות תהליך התרגום

השליח, מרשל ויאן סאמרס, מקבל מסר חדש מאלוהים מאז 1983. המסר החדש מאלוהים הוא ההתגלות הגדולה ביותר שניתנה אי פעם לאנושות, הניתנת בעת לעולם אוריין, עולם של תקשורת גלובלית ומודעות עולמית הולכת וגוברת. הוא לא ניתן לשבט אחד בלבד, לאומה אחת בלבד או לדת אחת בלבד, אלא מתוך כוונה להגיע לכל העולם. זה דורש תרגום לכמה שיותר שפות.

תהליך ההתגלות נחשף בעת לראשונה בתולדות ההיסטוריה. בתהליך יוצא דופן זה נוכחות אלוהית מתקשרת מעבר למילים עם הוועידה המלאכית המפקחת על העולם. הוועידה מתרגמת את התקשורת הזו לשפה אנושית ומדברת כולה כאחד באמצעות השליח שלה, שקולו הופך להיות הכלי לקול הגדול יותר הזה - קול ההתגלות. המילים נאמרות באנגלית והוקלטו ישירות בצורת שמע, ואז תועתקו והן זמינות בטקסטים ובהקלטות השמע של המסר החדש. באופן זה, טוהר המסר המקורי של אלוהים נשמר ויכול להינתן לכל אחד.

עם זאת ישנו גם בן תהליך של תרגום. מכיוון שההתגלות המקורית הועברה בשפה האנגלית, לכן זהו הבסיס לכל התרגומים לשפות האנושות הרבות. ומכיוון שישנן שפות רבות המדוברות בעולמנו, יש צורך בתרגומים שהם חיוניים בבדי להביא את המסר החדש לאנשים בבל מקום. תלמידי המסר החדש קמו ועמדו במהלך הזמן להתנדב לתרגם את המסר לשפות האם שלהם.

בתקופה זו בהיסטוריה, האגודה אינה יבולה להרשות לעצמה לשלם עבור תרגומים בבל בך הרבה שפות ועל מסר בה עצום, מסר שצריך להגיע

לעולם בדחיפות קריטית. מעבר לכך, החברה מאמינה כי חשוב שהמתרגמים שלנו יהיו תלמידי המסר החדש כדי להבין ולהתנסות ככל האפשר במהותו של מה שמתורגם.

לאור הדחיפות והצורך לשתף את המסר החדש ברחבי העולם, אנו מזמינים עוד לסייע במלאכת התרגום כדי להרחיב את טווח ההגעה של המסר החדש לעולם, ולהביא עוד מההתגלות לשפות בהן כבר התחיל התרגום ואף להכניס גם שפות חדשות. עם הזמן אנו נחפש גם כיצד לשפר את איכות התרגומים הללו. יש עדיין הרבה מאוד שצריך לעשות.

בעלי הברית של האנושות ספר ראשון

GOD HAS SPOKEN AGAIN (אלוהים שב לדבר)

THE ONE GOD (האלוהים האחד)

THE NEW MESSENGER (השליח החדש)

THE GREATER COMMUNITY (קהילת היקום הגדולה)

THE JOURNEY TO A NEW LIFE (המסע אל חיים חדשים)

THE POWER OF KNOWLEDGE (כוחה של הידיעה)

THE NEW WORLD (העולם החדש)

THE PURE RELIGION (הדת הטהורה)

PREPARING FOR THE GREATER COMMUNITY (להתכונן לקהילת היקום הגדולה)

THE WORLDWIDE COMMUNITY OF THE
NEW MESSAGE FROM GOD
(הקהילה העולמית של המסר החדש מאלוהים)

GREATER COMMUNITY SPIRITUALITY (הרוחניות של קהילת היקום הגדולה)

STEPS TO KNOWLEDGE (המדרגות לידיעה)

RELATIONSHIPS & HIGHER PURPOSE (מערכות יחסים וייעוד עליון)

LIVING THE WAY OF KNOWLEDGE (לחיות את דרך הידיעה)

LIFE IN THE UNIVERSE (החיים ביקום)

THE GREAT WAVES OF CHANGE (נחשולי התמורה הגדולים)

WISDOM FROM THE GREATER COMMUNITY I & II
(חוכמה מקהילת היקום הגדולה אחד ושתיים)

SECRETS OF HEAVEN (סודות שמימיים)

THE ALLIES OF HUMANITY BOOKS ONE, TWO, THREE & FOUR
(בעלי הברית של האנושות ספר ראשון, שני, שלישי ורביעי)